es Alpes

Dauphinoises

HENRI FERRAND

126 20

L'Oisans

et la région
de la Meidje,
du Pelvoux
et de la Barre
des Escrins

LA GRAVE
LE LAUTARET
LA BÉRARDE

196 GRAVURES
IMPRIMÉES EN
PHOTOTYPIE

GRENOBLE
Librairie Alexandre GRATIER et Jules REY
Editeurs

L'OISANS

HENRI FERRAND

Les

Montagnes Dauphinoises

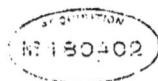

L'OISANS

La Meidje
Le Pelvoux
La Grave
Le Lautaret
La Bérarde

Ouvrage orné de 196 gravures imprimées en phototypie

GRENOBLE

Librairie A. Gratier et J. Rey, éditeurs

1903

A mon fils

A toi, mon fils unique que j'aime comme j'aimais mon père, je dédie cet ouvrage consacré à l'objet de mes études préférées.

Qu'il te rappelle que la montagne dauphinoise est notre mère commune ! Qu'il te dise qu'on chérit d'autant plus cette petite patrie qu'on la parcourt et qu'on la connaît davantage ! Sache bien que sa fréquentation est le plus fertile et le plus noble délassement des travaux journaliers, le plus bienfaisant des exercices.

Aime-la comme une source intarissable de santé morale et de santé physique; fais-la aimer aux autres ; reprends et continue l'œuvre que j'ai ébauchée à sa gloire. Ce sera la plus douce satisfaction que tu puisses donner à

Ton père affectionné :

HENRI FERRAND.

LA MEIDJE ET SON GLACIER

Vue prise à la Chavalchère

Les hauts sommets

Préface

Derrière ce premier rideau des Alpes Dauphinoises que nous avons examiné en détail sous le nom de Chaîne de Belledonne et des Sept-Laux, commence une région montagneuse et tourmentée, une mer aux gigantesques vagues de pierre qui s'étend sans trêve ni répit jusqu'aux plaines du Pô, sur une profondeur de 120 kilomètres.

Là se succèdent et s'entassent les innombrables plis, les rides et les contorsions que le retrait du refroidissement a infligés à l'écorce terrestre, et ceux plus nombreux, plus variés encore, dont l'écoulement des eaux a buriné leur surface. L'œuvre que nous avons maintenant sous les yeux est le résultat d'agents si divers qu'elle en paraît au premier abord incohérente, et alors que dans son ensemble elle peut se réduire à deux pentes qui divisent les eaux, à deux « toits » comme disaient les Latins, on est tout étonné de voir que les plus hauts reliefs ne se trouvent pas toujours sur l'arête du toit. Cette constatation qui répugnait à l'ancienne théorie du soulèvement des montagnes, n'a rien d'inconciliable avec la théorie scientifique des compressions latérales, et nous en retiendrons seulement ceci, en présence des incalculables forces que dut mettre en mouvement cette pression, que le sol de l'Oisans devait être formé des matériaux les moins com-

pressibles et les moins plastiques pour
que le saillant qui s'y forma ait atteint
son excessive hauteur. En effet, bien qu'il
soit cantonné sur l'une des faces du toit
et n'atteigne en aucun point la grande
ligne de partage des eaux, le relief géné-
ral de notre Oisans est très élevé et il
présente un certain nombre de cimes dont
la hauteur n'est dépassée que par le massif
spécial du Mont-Blanc ou celui des Grandes Alpes Centrales.

On aimerait, au premier abord, à
voir ces pics majestueux, élancés pour la
plupart comme des flèches de cathédrales
gothiques, jaillir d'un plantureux revêtement de forêts ou de pâturages qui leur
formerait un cadre puissant et gracieux.
Malheureusement, s'il en a été ainsi jadis,
cette physionomie harmonieuse a été depuis
longtemps altérée par l'effet d'agents des-

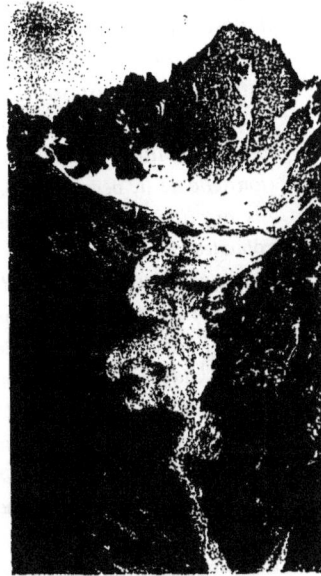

Glacier et moraine de Bonne Pierre

tructeurs dont la regrettable action s'est prolongée pendant une série de
siècles. Dans sa farouche imprévoyance, l'homme guidé par le seul appât
d'un lucre immédiat, a dévasté et rasé les salutaires forêts dont l'épaisse
ramure recouvrait et ouatait l[...]ux et les vallées. Privée de ce
revêtement protecteur, la ter-
re végétale s'est bien vite lais-
sé entraîner par la précipi-
tation des eaux, chaque rigole
d'écoulement est devenue un
torrent dévastateur qui a emporté tout le sol meuble et
mis à nu la charpente ro-
cheuse de la montagne. Puis
les rochers eux-mêmes, atta-
qués par l'intense chaleur de

Environs de la Bérarde

la réverbération estivale, par le brusque refroidissement du rayonnement
nocturne, par l'infiltration des eaux, par le gel et le dégel, se sont délités

laissant les débris de leur ossature s'entasser à leurs pieds et sur leurs flancs, et c'est ainsi qu'à la place des verdoyantes vallées se sont formées ces désolantes et interminables moraines qui donnent à l'Oisans son cachet particulier de tristesse et d'aridité.

L'Oisans, cette citadelle intérieure du Dauphiné, n'est donc pas d'un aspect enchanteur, et son apparence ne répond guère à l'idée conventionnelle de la beauté. Pourtant lorsqu'on l'examine avec attention, ces fières aiguilles aux élégantes proportions, ces clochetons dentelés, ces tours robustes striées de neige et de glace, évoquent une idée plus ample et plus grandiose, et il s'en dégage peu à peu l'impression d'un monde spécial, qui ne se livre pas au premier abord, mais dont le charme puissant, après l'initiation obligatoire, captive et retient ses adeptes. On sent alors que ce cadre de glaciers immaculés, de séracs étincelants, que ce piédestal de moraines croulantes et instables, sont la parure naturelle, l'écrin qui convient à ce décor gigantesque. Rien de banal dans ce tableau de la nature primitive, la dévastation y a fait œuvre congruente, et trop de cultures, trop de marques de la présence et de l'habitat de l'homme détonneraient dans cette symphonie sauvage et indomptée.

Avec ses pics noirs et ardus, ses glaciers, ses entassements de roches et ses torrents, l'Oisans présente bien la synthèse de la haute nature alpestre, et les esprits contemplatifs peuvent y donner carrière à leurs rêveries, comme les énergiques à leurs entreprises. Très différent de la Maurienne et de la Tarentaise moins heurtées et plus massives, et du Queyras plus gracieux, l'Oisans a

Un torrent dans l'Oisans

quelque chose d'austère et de moyenâgeux : C'est le vieux burg où s'enferme le génie de la montagne, c'est l'autel reculé et secret où les fervents se livrent au culte de l'alpinisme. A toutes les périodes de l'histoire il a exercé un attrait puissant sur l'humanité, et nous allons, en les parcourant, trouver ces solitudes de neige et de pierres aussi fertiles en souvenirs que les plus grasses campagnes de la Beauce ou de la Touraine.

Nous verrons qu'à leur âpre contact la race humaine, dont la ténacité a pu braver leur inclémence, s'y est endurcie et renforcée ; nous verrons leurs habitants, d'autant plus attachés à cette terre qu'elle leur est plus avare de ses faveurs, pousser jusqu'aux dernières limites l'amour du sol natal et de sa possession ; nous les verrons, robustes comme nos aïeux de l'âge de pierre, — qui se continue pour eux, — jouir d'une

Chalets d'Aléfroide

force et d'une endurance qui ne connaissent pas le repos, et même pendant leurs longs hivers, alors qu'enfouie sous la neige la terre est inaccessible à leurs efforts, se livrer à l'émouvant sport de la chasse aux chamois, ou partir au loin, chargés de la hotte du colporteur, et chercher dans le commerce un supplément à l'aisance de la famille. Silencieux et laconiques, lents comme les forts, pleins de sang-froid et de prudence, les gens de l'Oisans forment comme une race à part, dont l'intimité n'est pas facile, mais point banale non plus, et par la fidélité de leurs sentiments ils se rapprochent beaucoup de ces calmes Islandais habitants d'une terre encore plus froide et encore plus tourmentée. Tant il est vrai que le cadre dans lequel vit l'humanité exerce à la longue, sur ses dispositions morales comme sur sa constitution physique, une toute puissante influence.

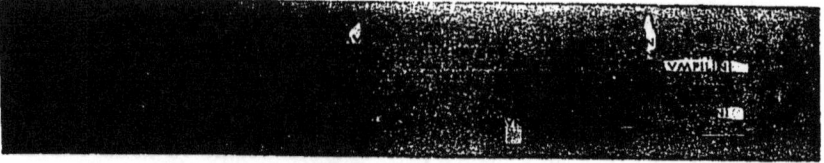

Inscription du monument de la Turbie

L'OISANS

Région de la Meidje et du Pelvoux

I

Les peuples anciens de la montagne. — La voie romaine de l'Oisans et ses diverses stations. — Les refuges fondés par les Latins. — L'exploitation des mines et la ville de Brandes.

Les Sarrazins dans l'Oisans. — Les travaux des Dauphins et la Tour du Roi-Ladre. — Le lac Saint-Laurent, son existence éphémère, ses vestiges. — Les guerres de religion. — La persécution des Vaudois en Vallouise.

Quand l'organisation de Rome fut achevée, et que le génie de ses consuls eut porté à sa perfection son admirable centralisation, commença pour elle, comme pour toutes les puissances arrivées à ce degré de maturité, l'ère de l'expansion et des conquêtes. Mais après avoir vaincu et asservi Carthage dont la marine l'enserrait au Sud, elle vint se heurter au Nord à cette barrière des Alpes, dont les gorges et les replis difficilement accessibles à ses pesants légionnaires étaient gardés par une population brave, tenace, habile à se dérober devant la poursuite, toujours prête à harceler ses convois, inlassable dans son amour de l'indépendance. Quand, à force de temps et de génie, en y réunissant la puissance qu'elle tirait du monde entier alors connu, elle fut arrivée à dompter les montagnards et à soumettre les Alpes, Rome, consciente de l'effort, voulut en perpétuer le souvenir par un monument dont l'ampleur fut proportionnée au travail accompli.

C'est alors que s'éleva, en l'an 7 avant notre ère, sur une terrasse des Alpes, en face de la mer, le gigantesque monument de la Turbie, le Trophée des Alpes, dont nous ne voyons plus aujourd'hui que les débris de la charpente. Disparus les marbres somptueux qui en formaient le revêtement, disparues les colonnes cannelées et fouillées qui l'ornaient et soutenaient ses inscriptions fastueuses, disparue la colossale statue d'Auguste qui le surmontait ! Mais quelques fragments, patiemment recherchés et rapportés, rapprochés d'un texte de Pline, ont permis aux savants épigraphistes de reconstituer l'inscription triomphale, qui rappelait et énumérait tous les peuples alpins soumis par les armées romaines. Nous y trouvons, entre les *Medulli* et les *Caturiges*, mentionnés les *Uceni*, nom qui, transformé plus tard en Uissens, est devenu l'Oisans.

La première trace que nous trouvions de l'Oisans dans l'histoire est donc celle qui rappelle les efforts que dut faire la puissance romaine pour triompher du patriotisme de ses habitants. Mais, cette victoire si chèrement achetée, le génie pratique des maîtres du monde s'appliqua aussitôt à la rendre durable, et pour cela à faciliter aux légions la pénétration dans ces replis reculés, où les remuants montagnards avaient si souvent cherché, après leurs défaites, un asile inviolable.

Des chemins antérieurement suivis par les migrations des peuples, utilisés par les mouvements militaires, comme ceux de cet Hercule Grec dont la tradition vivace a été recueillie par les écrivains anciens, des invasions de Sigovèse et de Bellovèse, ou de la célèbre armée d'Annibal, et entretenus par les communications et les échanges d'alors, comme les chemins du sel ou de l'étain, traversaient toute la région des Alpes. Les ingénieurs romains les régularisèrent, les élargirent, leur donnèrent cette admirable assise qui, sur tant de points, a bravé les outrages de dix-huit siècles. C'est ainsi que, grâce au concours du roi Cottius, deux grandes voies, pour ne parler que de celles-là, conduisirent de l'Italie en Gaule par le Petit Saint-Bernard *(In Alpe Graià)* et par le Mont Genèvre *(Mons Matrona)*.

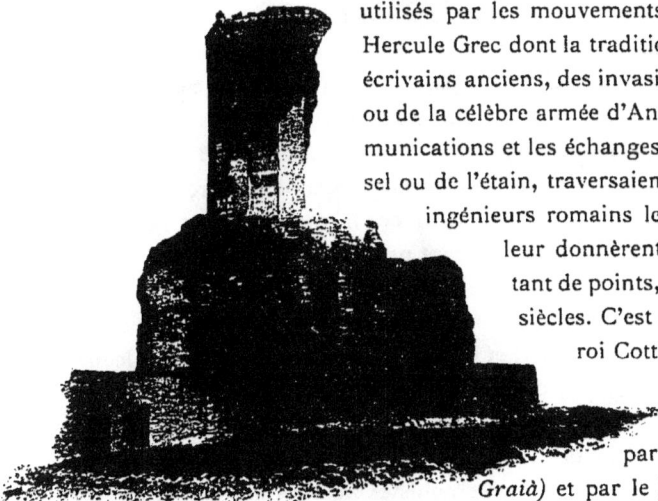

Ruines du monument de la Turbie

Le Lautaret
D'après une ancienne gravure sur pierre

Une voie secondaire fut tracée au milieu du pays des *Uceni* qu'elle traversa de part en part, et cet instrument de civilisation fut si bien conçu qu'il demeura pendant dix-sept cents ans la route de Grenoble à Briançon, et n'a vu que depuis peu les commodités résultant du perfectionnement de l'outillage moderne délaisser une partie de son tracé.

La grande voie du *Mons Matrona* avait une station à *Brigantio* (Briançon). C'est de là que se détacha la voie secondaire qui allait conduire à Vienne par le pays des Uceni et par *Cularo* (Grenoble). Suivant une direction toute naturelle, la route remonta le cours de la Guisanne, et vint créer sa première station, *Stabatio,* à VIIII milles (13,333 mètres) du point de départ, c'est à dire à l'emplacement occupé aujourd'hui par le Monestier de Briançon. Elle gravissait alors la montagne par une ligne directe et sans lacets, les Romains étant peu ménagers des pentes, parvenait au col du Lautaret (jadis de l'Autaret) où elle élevait aux dieux topiques, dont il fallait conjurer la maligne influence, un petit autel, *altaretum* (d'où le nom du col) et une *mansio,* sorte de refuge sur lequel nous aurons à revenir, et descendait rapidement à la seconde station, *Durotincum,* à XII milles (17.778 mètres) de la précédente, très probablement aujourd'hui un des villages du Villard d'Arène.

De ce point, les savants épigraphistes ne sont plus d'accord sur l'emplacement exact de la voie, d'autant plus que des fragments de routes de traverse ou d'exploitation, dont nous parlerons bientôt, viennent encore compliquer cette recherche.

Il est cependant un point où son passage est à l'abri de toute controverse, tant ses traces sont encore visibles. Un peu en aval du village actuel du Mont de Lent, au-dessous du hameau de Bons, l'escarpement qui domine la rive gauche de la Romanche est encore coupé par un encorbellement taillé dans le roc, où les rainures pratiquées pour les roues des chars sont conservées. La route descendant avec une pente assez forte, passait sous une sorte d'arc de triomphe, dit dans le pays la Porte Romaine, dont la voûte était dessinée entièrement au commencement du XIXᵉ siècle par le savant Héricart de Thury, et dont on voit encore les ruines. Elle avait trouvé, à peu de distance de cette porte, la station de Mellosedum à XII milles (17.778 mètres) de la précédente, et elle arrivait ensuite au Chatelard, pour gagner, probablement par un détour dans la vallée du Vénéon,

Ruines de la Porte Romaine

vers le lieu dit le Fort des Têtes, la quatrième station, Catorissium, aujourd'hui Saint-Antoine, un peu au-dessus du Bourg d'Oisans, à X milles (14.815 mètres) de Mellosedum.

Les grandes difficultés ainsi surmontées, la route romaine gagnait l'entrée des gorges de Livet, dans lesquelles elle pénétrait par une corniche taillée dans le rocher, qui a conservé le nom de Rochetaillée (donné à la station des Sables), et que les habitants appellent encore le chemin d'avant le déluge (¹).

La Table de Peutinger a évidemment sauté ici une station de la voie,

(¹) C'est-à-dire d'avant l'inondation de 1191 qui forma le lac Saint-Laurent (Voir plus bas).

et peut-être deux. Certaines vieilles cartes donnent à Gavet le nom de *Catorissiacum* (diminutif de *Catorissium*), qui eut été aussi une station. L'Anonyme de Ravenne mentionne en tous cas une station dans cet intervalle sous le nom de *Fines*. Cette station devait être à Vizille, à l'autre extrémité des gorges de la Romanche, sans doute sur l'éminence rocheuse où s'est élevé depuis le Château du Roi.

On retrouve encore des fragments de la route au travers des coteaux

Ruines du Château du Roi

de Jarrie, puis elle arrivait à *Culabone* ou *Cularo* (Grenoble), à *Morginno* ou *Morgincum* (Moirans, sur la Morge), à *Turedonnum* (Tourdan) et aboutissait à Vienne, capitale de la province.

Ce magnifique ouvrage d'art franchissait ainsi par la seule brèche qui fut praticable l'obstacle que le grand relief du pays des *Uceni* apportait aux communications entre Vienne, l'un des centres les plus importants de la domination romaine en Gaule, et le *Mons Matrona* que Jules César estimait la route la plus courte et la meilleure pour venir dans la Province. Son établissement ne fut pas l'œuvre d'un jour. Nous avons dit qu'il souda et unifia des chemins déjà pratiqués par les indigènes, et sa construction peut être considérée comme contemporaine de ces autres monuments de la puissance romaine, l'Arc de Suze et le Trophée des Alpes, quelques années avant notre ère.

La voie ouverte fut fréquentée en raison des nombreuses relations qui existaient entre Rome et Vienne, et, comme la mauvaise saison la rendait pénible et dangereuse, les mêmes soucis de sécurité qui ame-

nèrent l'Empereur à créer ou à rétablir les Refuges Napoléon dans les
Alpes, s'étaient déjà imposés aux Romains. C'est ainsi qu'ils construi-
sirent, sur le col de 2072 mètres de hauteur qu'il fallait franchir, une
mansio, véritable hôtellerie où voyageurs et chevaux trouvaient un abri
et où séjournait un personnel capable de porter secours aux chars mis en
péril par la tourmente. Plus loin, au milieu de la gorge de Mallaval, les
tourmentes n'étaient pas moins à craindre que sur le col, et les secours à
obtenir des lieux habités étaient trop éloignés pour l'imminence du
danger : une autre *mansio* s'y éleva donc qui est devenue plus tard l'Hospice de Loches. D'autres sont encore probables en dehors des stations
qui constituaient des *mutationes* ou relais de poste, ou même auprès de
ces stations, comme celle qui se transforma plus tard en Hospice Saint-
Laurent, au Bourg d'Oisans actuel, et celle très vraisemblable accusée
par la tradition aux Clots, dans la gorge de Livet.

Ainsi jalonnée, gardée par quelques postes fortifiés, comme ceux du
Fort des Têtes, du Chatelard et de la Porte Romaine, la grande voie
offrait autant de sécurité que de facilité aux mouvements des troupes
comme au transport des voyageurs.

Elle fut bientôt complétée par des voies divergentes, chemins de
traverse, de desserte ou d'exploitation, que les sollicitations des habitants
ou les nécessités des communications imposèrent aux Romains.

Il paraît certain qu'une petite voie se détacha déjà de la principale
vers le Villard d'Arène, et alla rejoindre, dans la Maurienne, la *Via
Mariana*. Eut-elle une amorce sur le plateau de Paris, où se trouvait
encore une maison en ruines appelée la Loge ? Passa-t-elle par le Col du
Goléon ? Cette seconde opinion serait corroborée par les restes d'un
chemin pavé dans le vallon des Aiguilles d'Arves, et dit (comme presque
tous les ouvrages romains) la chaussée des Sarrazins.

Il est en tous cas établi qu'une voie importante escaladait les
premiers contreforts des Rousses pour le service des mines de Brandes,
et ce sont les vestiges de son tracé principal ou de ses embranchements
qui ont servi de preuves à ceux qui veulent faire passer la voie militaire
par Mizoen et par la Garde.

On sait que les Romains qui ne connaissaient que la calcination des
roches comme procédé d'extraction pour le minérai, et qui se gardaient,

dans la crainte du déboisement et de ses conséquences, d'exploiter les mines de l'Italie ([1]), les recherchaient avec avidité dans toutes leurs provinces. Ils entendirent parler de gisements de plomb argentifère dans les flancs de la montagne, où ils les découvrirent; quoiqu'il en soit, ils procédèrent bientôt sur une grande échelle à l'exploitation des mines de Brandes, sur le revers des Petites Rousses. La roche fut attaquée par de nombreuses galeries et les produits de l'extraction, abondants et riches, firent créer à pied d'œuvre un établissement important, dont le développement devint bientôt considérable ([2]). Toutefois on ne saurait prétendre, comme l'ont fait quelques auteurs, qu'il y eut jusqu'à cent mille forçats employés aux travaux des mines, et qu'une garnison de trente mille

Vue du plateau de Brandes

hommes fut organisée pour les surveiller et les maintenir dans l'obéissance. La vue seule du plateau de Brandes, dont l'exiguité ne pouvait se prêter à un pareil déploiement, fait justice de ces exagérations. On ne retrouve d'ailleurs aucun vestige de l'organisation romaine. Pour desservir cet établissement et l'agglomération qui en avait été la suite, et

([1]) *Interdictum id vetere consulto patrum, Italiæ parci jubentium.* — Pline l'Ancien, *Historia naturalis*, III, 24, § XXXIII.

([2]) Héricart de Thury, *Journal des mines*, tome 22.

les rattacher à la voie militaire, divers tronçons furent nécessairement construits. L'un montait par Mizoen, les terrasses du Freney et d'Auris et le col de Cluys, l'autre venait de la Garde et de Huez, et peut-être un embranchement se rattachait-il au Plateau de Paris, tandis qu'un autre courant par les Petites Rousses allait passer le Pas de la Coche et rejoindre au Granier *(Granarium)* la voie principale des Alpes Graies.

A cette époque, tous les contreforts des Rousses, aujourd'hui si fâcheusement dénudés et si ravinés, étaient couverts d'amples forêts qui procuraient à cette altitude un climat bien plus tempéré. Il n'est plus discuté, en effet, que la limite de la végétation arborescente dans les Alpes n'a pas toujours été à 1600 ou 1700 mètres d'altitude comme elle l'est maintenant. Même de nos jours, on trouve encore dans certaines vallées des Alpes, comme par exemple en Tarentaise, au-dessus de Val d'Isère, des forêts de mélèzes en pleine prospérité à 2100 mètres ; sur toutes les crêtes de la Chartreuse et du Vercors, on voit, vers 1900 et 2000 mètres, des troncs desséchés et blanchis attestant l'ancienne existence de forêts en ces lieux, et dans des tourbières du vallon de Valmeinier, à la cote de 2200 mètres, j'ai trouvé de gros troncs de sapins, témoins irrécusables de l'ancienne vie forestière à ces hauteurs.

On comprend dès lors que l'habitation de Bran-es vers 1800 mètres d'altitude et l'exploitation des mines échelonnées de 2000 à 2400 mètres était possible et normale. Mais cette exploitation fut

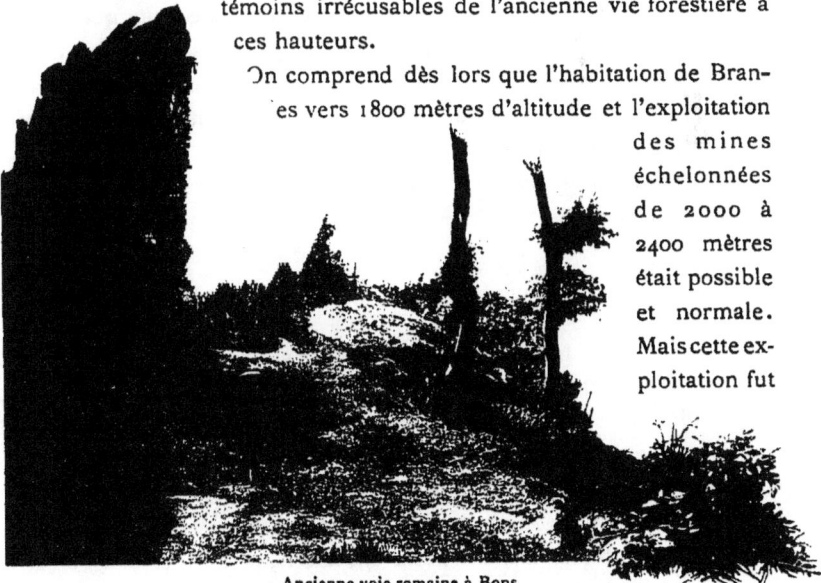

Ancienne voie romaine à Bons

conduite avec une hyperactivité et une imprévoyance qui devaient amener sa ruine ; sous l'effort de cette immense corvée, les forêts protectrices s'éclaircirent, puis disparurent peu à peu. Les arbres employés au boisage des galeries, comme ceux dissipés pour la calcination de la roche et le traitement du minérai, ne pouvaient, devant la fièvre des travailleurs, se renouveler à temps. Ils reculaient donc au fur et à mesure que les galeries s'enfonçaient et que les filons s'appauvrissaient. La décadence de Brandes fut peut-être moins rapide que ne l'avait été sa fondation, mais tout porte à croire que, vers la fin du IVe siècle, les travaux languissaient et le nombre des travailleurs avait considérablement diminué, et, quand l'empire romain, depuis longtemps vermoulu, finit par s'effondrer, les mines se trouvèrent tout naturellement désertées par leur population factice qui n'y pouvait plus vivre.

La rupture de l'admirable centralisation romaine ne pouvait manquer d'être fatale au pays des Uceni. Les *mansiones* qui n'étaient plus subventionnées fermèrent leurs portes, le *substratum* de la voie, formé de trois couches savamment superposées, ne fut plus entretenu ; aux prises avec la fureur des éléments et les causes de désagrégation de la montagne, sa magnifique unité se brisa, et au lieu de la grande route que n'animait plus le mouvement des voyageurs arrêtés par l'insécurité des temps, il ne subsista plus que des chemins de communication de village à village, suffisants aux besoins de la population, et s'écartant, suivant les circonstances, de l'ancienne œuvre romaine recouverte par les éboulis.

On peut dire que du Ve au Xe siècles, l'Oisans se replongea dans la nuit de la barbarie.

*   *

L'invasion des Arabes, si désastreuse sur tant d'autres points, allait tirer l'Oisans de l'engourdissement et de l'oubli. En effet, les bandes pillardes dont les incursions intermittentes succédèrent pendant deux siècles à la grande expansion que la valeur de Charles-Martel avait brisée dans les champs de Poitiers, arrivaient sans cesse des rivages de la Provence dans les Alpes. Les gorges montagneuses leur étaient de sûrs refuges contre les armées de la chevalerie, et c'est ainsi qu'en 906 ils

pillèrent et détruisirent la célèbre abbaye de la Novalaise (¹), et, quelques
années plus tard, ils occupèrent le Petit Saint-Bernard. C'est vers cette
époque qu'une de leurs hordes vint à envahir le Dauphiné qui, morcelé
et sans cohésion, ne pouvait offrir une bien grande résistance à leur choc.
Leur puissance ne fut pas de longue durée sur la ville et sur les plaines. Revenus de leur première stupeur, les seigneurs se rallièrent à la
voix de l'évêque Izarn, et, à la tête d'une armée où se distinguaient les
Alleman et les Ainard, ce belliqueux prélat reconquit sur les païens, vers
la fin du Xᵉ siècle, sa ville et la plus grande partie de son diocèse.

Vaincus et chassés de la plaine, les Sarrazins se replièrent dans les
montagnes, et l'Oisans fut alors leur refuge. A peine y étaient-ils établis,
qu'avec un grand sens pratique ils reprenaient et restauraient les travaux
des Romains, abandonnés et tombant en ruines, ils remettaient en état
les principales parties de la voie, et rouvraient l'exploitation des mines
de Brandes. Sur les flancs du massif de Belledonne, au lieu dit « les
Chalanches », ils commençaient aussi l'exploitation d'une mine de cuivre
gris argentifère dont on ne trouve aucune mention avant leur arrivée, et
qui conserve le nom de Trou des Sarrazins. Leurs procédés, sans doute
plus violents que ceux des anciens maîtres, frappèrent davantage l'esprit
des populations et, depuis lors, la tradition attacha leur nom à toutes ces
grandes œuvres qu'ils n'avaient fait que restaurer et continuer. C'est
ainsi que les lambeaux de la voie devinrent la Chaussée des Sarrazins,
les ponts, les tours, les mines, dans la bouche des paysans, dans les
traditions transmises aux veillées, tout devint : des Sarrazins, et Jean
Brunet, seigneur de l'Argentière, dans son *Mémoire historique sur le
Briançonnais*, se fait l'écho de cette fable populaire.

Combien de temps dura leur domination, peu à peu devenue assez
tolérable? Il est assez difficile de le dire, car l'histoire n'a enregistré
aucun évènement précis se rapportant à leur expulsion ou à leur disparition. Mais, dès le XIIᵉ siècle, l'autorité des Dauphins s'étendait sur l'Oisans, ils faisaient entretenir la route, relevaient les hospices du Lautaret
et de Loches, et, en 1202, le Dauphin André faisait des donations pour
leur entretien. Ils faisaient notamment continuer, avec une assez grande

---

(¹) *Recherches historiques sur les Hautes-Alpes*, par M. l'abbé Paul Guillaume.

activité, l'exploitation des mines de Brandes. Une charte de l'an 1220, rapportée par M. de Valbonnais, dans son *Histoire de Dauphiné*, précise les droits des Dauphins « sur la Mine d'argent au lieu de l'Argentière « dépendant de la Chatellenie d'Oysans ». Un autre titre de la même époque parle spécialement de la mine d'argent de Brandes, dont le revenu annuel était de deux cents livres, et d'une enquête contre le châtelain d'Oysans, accusé de supercherie dans le paiement du salaire des ouvriers.

En 1236, le testament du Dauphin Guigues André ordonna que le produit delphinal de la mine de Brandes serait consacré, pendant trois ans, à faire le fonds de son legs de trente mille sols destiné à l'achèvement de l'église collégiale de Saint-André de Grenoble, qu'il avait fondée en 1226. L'agglomération de Brandes avait alors repris une certaine importance ; elle formait une paroisse sous le vocable de Saint-Nicolas de Brandes, on y voit encore les ruines de quarante-deux maisons, sans compter celles recouvertes par les gazons et les prolongements qui devaient s'avancer jusqu'au Guâ, où des *bocards*, sorte de broyeurs, étaient actionnés par la Sarène. Les Dauphins y avaient fait construire une habitation à leur usage, sorte de forteresse ou de tour, d'où il leur arriva de dater leurs or- donnances, *datum in palatio nos- tro de Brandis sub monte.*

Ruines de
Saint-Nicolas de Brandes

L'un d'eux en avait même fait sa résidence de prédilection, et comme les monta- gnards ne pouvaient attribuer qu'à une maladie qui exigeait l'isole- ment ce dédain de la pompe grenobloise, la légende s'établit qu'il était atteint de la lèpre, et les ruines de l'épaisse tour delphinale sont encore connues dans le pays sous le nom de Tour du Roi Ladre. Brandes était d'ailleurs l'usine où se traitaient les produits de plusieurs mines étagées dans toute la chaîne des Rousses, depuis Huez jusqu'au Lac Blanc, à l'Herpie et à la Cochette. Humbert II lui-même, le dernier Dauphin, visita aussi fréquemment l'Argenterie de Brandes et sa tour châtelaine.

La cession du Dauphiné à la France porta un coup funeste à cette industrie, ou peut-être coïncida-t-elle tout simplement avec l'épuisement des filons, la disparition des forêts et l'abaissement de la température. L'exploitation languit encore pendant près d'un siècle, puis elle s'arrêta. Un vieux titre d'Huez, daté du 6 décembre 1404, parle déjà des anciennes mines de Brandes, *Fossæ fodinæque antiquæ Brandarum*. Le village, déserté, tomba en ruines : la grande tour delphinale elle-même s'affaissa, leurs débris furent recouverts par le gazon, et leur souvenir s'effaça si complètement de la mémoire des hommes, bien qu'ils fussent mentionnés sur la Carte du Dauphiné de Guillaume de l'Isle en 1710, que la découverte par des chasseurs étrangers, en 1772, des vestiges de cette ville alpicole, fut un véritable évènement sur lequel le *Journal de Genève* attira, en 1773, l'attention du monde savant.

Le minéralogiste Guettard qui s'y rendit, en août 1775, ne paraît pas en avoir rapporté une notion bien complète, mais le savant Héricart de Thury qui en a fait, au commencement du XIXᵉ siècle, un examen approfondi (*Journal des Mines 1807*, tome 22) décrit l'immensité des travaux exécutés, et signale que les filons furent si complètement exploités et le minerai si bien traité qu'il eut la plus grande difficulté à s'en procurer des échantillons. Au moment de sa visite, les ruines de Brandes étaient encore fort visibles, ainsi que les vestiges des voies qui y conduisaient.

Maintenant le gazon a tout recouvert, et il faudrait de sérieux travaux de déblaiement pour dégager les ruines de Brandes, comme les vastes galeries des mines qui la desservaient.

Mais au temps où l'exploitation de Brandes florissait aux mains des Dauphins, un cataclysme, dont les conséquences furent encore plus terribles que l'évènement lui-même, vint donner à l'Oisans une triste célébrité.

En l'année 1191, à la suite de pluies torrentielles qui avaient détrempé le sol et changé tous les ruisseaux de la montagne en torrents impétueux, deux immenses éboulements de rochers, de terres et de graviers, descendirent des hauteurs de la Vaudaine dans le massif de Belledonne, et de l'Infernet sur les flancs de Taillefer, et vinrent, par leur amalgame, former au fond de la vallée un colossal et solide barrage qui arrêta le cours de la Romanche et en fit refluer les eaux. Ne trouvant plus d'écoulement, la rivière qu'alimentaient toujours les montagnes et les glaciers, sortit de son lit, s'étendit, et recouvrit peu à peu d'un lac vaste et profond la plaine naguère fertile de l'Oisans. Les eaux montèrent, retenues qu'elles étaient de toutes parts par les montagnes, et engloutirent successivement les terres et les villages jusqu'à ce qu'elles se fussent élevées au sommet du barrage ainsi formé, et d'où elles retombèrent en cascade. Des indices, retrouvés encore récemment, montrent que le niveau du vaste lac s'éleva en moyenne de vingt mètres au-dessus de la plaine submergée.

Comprenant le désastre qui les menaçait, les habitants avaient bien essayé d'ouvrir aux eaux un passage au travers de cet amoncellement de rocs et de graviers, mais les faibles moyens dont on disposait à cette époque furent insuffisants, et ils durent se résigner à leur sort. Dès lors, un lac de plus de dix-huit kilomètres de long, le lac Saint-Laurent, ainsi nommé du jour (10 août) où le cataclysme s'était produit, occupa la vallée de l'Oisans. On s'accorde généralement à reconnaître que le village principal, situé dans une position plus élevée que le Bourg d'Oisans actuel, échappa à l'inondation, mais il prit le nom de Saint-Laurent du Lac.

Un nouvel équilibre s'établit dans l'Oisans ; on reprit le trajet par l'ancienne voie romaine, dont le passage de Rochetaillée se trouvait au-dessus des eaux, et les affaires semblent s'être alors concentrées à la Garde, à qui la proximité de Brandes donnait une grande importance. Le lac, devenu la propriété des Dauphins, était très poissonneux, et sa pêche défraya souvent leur table somptueuse, mais cet état de choses ne devait pas être de longue durée, et le deuxième acte du drame allait être plus terrible encore que le premier.

Le barrage formé par les éboulements de la Vaudaine et de l'Infernet avait, en somme, peu de cohésion, et il ne put longtemps résister à l'incalculable pression des eaux du lac, non plus qu'à leurs affouillements répétés. Dans la nuit du 14 au 15 septembre 1219, après vingt-huit ans de résistance, la chaussée céda tout-à-coup, à la suite de nouvelles pluies, « et une masse d'eau énorme s'engouffra par le défilé dans la gorge, la « parcourant avec la violence d'un formidable ouragan, brisant, empor-« tant tout dans son cours furieux : arbres, terre végétale, habitations, « des villages entiers, rasant la vallée de Séchilienne comme un faucheur « ferait d'une prairie unie, inondant Vizille et la plaine de Grenoble. » (Aristide Albert, *Essai descriptif de l'Oisans*).

Après avoir emporté le pont du Drac, près Claix, les eaux arrivèrent vers dix heures du soir à Grenoble, qui, en raison de la foire de l'Exal-tation de la Sainte Croix, regorgeait d'étrangers. Surpris dans leur sommeil, les habitants essayèrent de se réfugier sur les toits, les tours et les clochers ; un grand nombre voulut passer sur la rive droite et gagner la montagne ; mais la porte du pont était fermée, et avant qu'on eut pu l'ouvrir, le flot dépassant le parapet submergea et engloutit la foule de malheureux qui s'y pressait. Par une horrible conséquence, cette vague énorme refoula le cours de l'Isère et la fit remonter jusqu'à deux lieues, de sorte que quand elle se fut écoulée, un formidable reflux se produisit, emportant le pont et plusieurs édifices, complétant le massacre des infortunés habitants. Le Dauphin Guigues André, qui habitait heureu-sement la Tour Dauphine, à l'entrée de la rue Perrière, eut toutes les peines du monde à se sauver, et se réfugia dans sa maison forte de Saint-Martin-le-Vinoux (J.-J. A. Pilot, *Recherches sur les inondations dans la Vallée de l'Isère*).

Un mandement de l'évêque Jean de Sassenage a conservé le souvenir de cette catastrophe, *De diluvio et destructione Gratianopolis, et diversione pontis suprà Ysaram, MCCXIX die exaltationis Sanctæ Crucis ;* le prélat y constate la mort d'une multitude de personnes, et sollicite des secours pour remédier aux dégats qui, dix ans après, n'étaient pas encore réparés. Cette catastrophe eut alors un retentissement universel, et l'historien contemporain, Vincent de Beauvais, mentionne la rupture du lac de Saint-Laurent et la mort de plusieurs milliers d'hommes *(Speculum historiale Vincentii*, lib. XXXI, cap. LXXXV).

Cependant, le lac ne s'était pas entièrement vidé ; il en subsistait encore des restes qui recouvraient les parties les plus basses de la plaine de l'Oisans, et dont les derniers marais n'ont été asséchés que depuis peu. Les Dauphins concédèrent une partie de la pêche des vestiges du lac aux religieuses de la Chartreuse de Prémol, et, vivifiée par le bruit du désastre, la tradition du lac Saint-Laurent se perpétua sur les cartes jusqu'au XVIII⁰ siècle.

Les archives des Dauphins avaient péri dans l'inondation, et plusieurs de leurs vassaux en abusèrent pour dénier leurs droits seigneuriaux. Ce serait, paraît-il, à leur conduite en cette circonstance que les habitants de la Matheysine auraient dû un certain renom de fourberie, tandis que les habitants de l'Oisans conquéraient, par leur loyauté, le surnom de Preux.

Depuis lors, l'histoire de l'Oisans proprement dit fut assez calme, et ne consista guère qu'en ses efforts toujours renouvelés pour améliorer sa viabilité, mais une région voisine, sur l'autre revers de ses hauts pics, allait être le théâtre d'évènements graves et douloureux dont il devait, plus tard, ressentir une heureuse influence.

Vers le XI⁰ siècle, un marchand de Lyon, nommé Pierre Vaud ou Valdo, se mit à prêcher une religion nouvelle qui eut bientôt un certain nombre de sectateurs. Chassés de Lyon où ils avaient occasionné quelques scandales, les Pauvres de Lyon, bientôt appelés les Vaudois, se réfugièrent dans certaines vallées alpines du Dauphiné et du Piémont,

Veüe du Pont de Grénoble

3

qui prirent le nom de Vallées Vaudoises. Au nombre de ces vallées se trouvait la Vallouise, adossée au versant sud-oriental du Pelvoux qui la séparait de l'Oisans.

Nous n'avons pas à entrer ici dans le détail de l'histoire des Vaudois. Qu'il nous suffise de rappeler que les divers chefs d'Etat déployèrent à l'encontre de la secte nouvelle une rigueur inouïe. Après des emprisonnements et des persécutions sans nombre, les survivants des Vaudois piémontais avaient été déportés en Suisse, où ils ne purent s'acclimater et d'où ils revinrent dans leur pays, au travers de mille périls, par la célèbre marche appelée la Glorieuse rentrée des Vaudois, et dans laquelle ils franchirent le Col du Mont Iseran, le 22 août 1689. Les Vaudois de Vallouise, livrés au bras séculier, après la Révocation de l'Edit de Nantes, furent l'objet d'une véritable campagne militaire à la tête de laquelle nous avons le regret de trouver le nom illustre de Catinat. Dans une première persécution, dirigée en 1488 par le légat du pape Albert Cattanée, les Vaudois, refoulés sur les flancs du Pelvoux, dans la Combe de Capescure, s'étaient cachés avec leurs femmes et leurs enfants dans la grotte de la Balme Chapelue où ils furent enfumés. Cette fois, après la prise de la Balsille, tous ceux qui n'avaient pu s'enfuir en Piémont furent égorgés, et la Vallouise se trouva complètement dépeuplée. Elle le fut même à un tel point que, pour ne pas la laisser déserte, Louis XIV en ordonna la colonisation, et que ses transplantations aboutirent à la population abatardie qui mérita le nom des Crétins de Vallouise. Mais telle est la force des idées persécutées, qu'au commencement du XIXᵉ siècle, quelques Vaudois subsistaient encore dans le Val Freyssinières et à Dormillouze au Sud de la Vallouise.

Les protestants anglais avaient toujours manifesté une grande sympathie pour les Vaudois. L'intercession de Cromwell avait failli leur obtenir le privilège de la liberté de conscience, et de larges subsides, venus de la Grande-Bretagne, adoucirent bien souvent leurs misères. Vers 1830, cette sympathie se manifesta par un courant de visites à leurs vallées, visites qui commencèrent à mettre les aventureux touristes anglais en contact avec la nature alpestre du Haut Dauphiné. C'est ainsi qu'en 1829, M. William Gilly, cherchant à se documenter pour ses *Waldensian Researches*, parcourait la vallée du Queyras et le Val Freysinnières, que l'historien William Beattie et le dessinateur W. Bartlett visitaient ces pays et la Vallouise pour leur publication des *Vallées Vaudoises.*

Jusqu'alors, tous ceux qui avaient été amenés à parcourir l'Oisans et ses abords paraissent avoir été insensibles aux beautés de la nature. Soldats, négociants, industriels, voire même botanistes ou géologues n'avaient pas regardé les grands pics, et n'avaient guère, dans leurs relations, consacré d'impressions au paysage. Rarement ils avaient pénétré dans les vallées secondaires, et la topographie du pays était à peine connue dans ses grandes lignes. La carte de Cassini y est d'une indigence et d'une fantaisie rares. Quelques mémoires militaires et des cartes dressées dans le même esprit donnaient seuls une idée imparfaite de ce que pouvait être l'Oisans.

Les touristes anglais qui étaient venus dans ces parages, poussés par un esprit de piété et de recherches confessionnelles, regardèrent en même temps autour d'eux, et firent, à leur retour connaître les impressions qu'ils avaient recueillies. — Elles décidèrent d'autres amateurs de paysages à venir contempler des spectacles qui furent bientôt très appréciés, et le professeur Forbes écrivait en 1839 : « Parmi les ré-

La Balme Chapelne
d'après le Dauphiné dé Taylor

« gions les moins visitées, sans être pourtant inaccessibles, les Alpes du
« Dauphiné sont un pays des plus intéressants ». Le premier ouvrage qui
fournit quelques détails sur la topographie de l'Oisans fut le *Guide
Murray,* dont la première édition parut en 1838. Dès lors, l'élan était
donné, et une race entreprenante, admirablement préparée par son culte
pour les exercices physiques aux difficultés et à l'inconfort des explora-
tions alpines, s'attaquait à notre massif de l'Oisans et le fouillait dans
tous ses replis.

Certes, nous ne voulons pas dire que quand M. Forbes vint en 1839
visiter la Bérarde, il fut le premier messager de la civilisation qui péné-
trât dans ces lieux reculés. Les ingénieurs de Cassini et de Bourcet, ceux
qui documentaient La Blottière, Montannel, Pezay, etc., y étaient déjà
parvenus. Le minéralogiste Guettard en 1775, l'éminent botaniste Villars
en septembre 1786, y avaient porté leurs études, et ce dernier du moins,
qui poussa jusqu'au Col du Says, paraît avoir ressenti une émouvante
impression des paysages grandioses et des panoramas merveilleux qui se
déroulèrent autour de lui. Mais le manuscrit de Villars, enfoui dans la
bibliothèque de Grenoble, ne recut en 1809 qu'une publicité illusoire
dans les *Annales du Département de l'Isère* ; les dithyrambes
tout spécialement géologiques du savant Elie de Beaumont en
faveur de la Bérarde *(Faits pour servir à l'histoire des montagnes de l'Oisans, 1834),* ne franchirent point les bornes des
Annales des mines ; et même l'admirable effort de *l'Alb-
du Dauphiné* (1835 - 1839) n'eut
guère d'écho en dehors de notre
pays.

Pococke et Windham ne
découvrirent point Chamouni et
sa vallée, mais ils les firent connaître au monde lettré et savant ;
de même Brockedon, Murray et
Forbes commencèrent la renommée de l'Oisans. Leurs écrits
s'adressaient aux voyageurs et aux
touristes parmi lesquels ils eurent

Cascade de la Romanche dans les gorges du Villard d'Arène
D'après M. Brockedon (1828).

Vallée de la Romanche, d'après Brockedon (1828)
(Cascade des Fréaux)

Vallée de la Bérarde, d'après J. B. Forbes (1853)
(Les Ecrins vus des Etages)

un grand retentissement, et dès 1860 commença, grâce à eux, à se dessiner en Angleterre le mouvement qui allait amener la plus vive émulation pour la visite de cette région.

Nous verrons, quand nous nous occuperons de l'Alpinisme dans les montagnes de l'Oisans et de ses pionniers, quelle magnifique contribution

La Grave et ses montagnes, d'après lord Monson (1840).

les touristes anglais ont apporté à leur exploration, mais nous voulions faire ressortir ici que ce furent précisément les persécutions dirigées contre les Vaudois qui attirèrent sur ce pays l'attention des voyageurs britanniques, et qui furent ainsi indirectement la source de la fortune de cet Oberland français.

La Grave et les Pics de la Meidje

II

Description du pays. — L'Oisans et ses montagnes. — Les trois vallées intérieures.

Ainsi que nous l'avons vu en commençant, le pays des Uceni, l'Oisans, ne forme qu'une région du versant occidental des Alpes.

Il ne touche pas à la grande dorsale franco-italienne, et n'occupe que quelques-unes de ses ramifications secondaires. Il est compris entre le massif des Aiguilles d'Arves et des Rousses au Nord, le massif de Belledonne à l'Ouest, et celui du Pelvoux au Sud et à l'Est.

Le plissement orogénique qui doit venir le former se sépare de l'axe central des Alpes au massif du Thabor (3182 mètres); il court d'abord de l'Est à l'Ouest par les crêtes de Valmeinier, le plateau des Rochilles, le massif des Cerces et celui du Galibier, et il vient s'épanouir au renflement appelé la Part ou les Trois Evêchés (3126 mètres). Cette cime, d'altitude assez modeste et d'accès facile, est le point nodal où notre Oisans se greffe sur le système alpestre.

Tandis qu'un de ses contreforts se dirige au Nord par le Col de Goléon et la Crête des Aiguilles pour s'infléchir ensuite à l'Ouest par l'Aiguille méridionale d'Arves (3511 mètres), le Col Lombard, les Aiguilles de la Saussaz, le Pic du Mas de la Grave, et le Massif des Grandes Rousses, une autre de ses arêtes s'abaisse au Sud pour former le Col du Lautaret (2072 mètres), se relève aux Pics de Combeynot (3·53

Hospice du Lautaret

mètres), et par le Col d'Arsines vient se rattacher au grand massif du Pelvoux.

Au milieu de ces montagnes, s'étend le bassin de la Romanche, qui, avec ceux de ses deux affluents, le Vénéon et l'Eau d'Olle, constitue l'Oisans proprement dit. La description de ces trois vallées nous donnera celle de l'Oisans intérieur, et nous allons, pour apprendre à les connaî-tre, suivre le cours même des eaux qui les ont façonnées.

VALLÉE DE LA ROMANCHE

Le massif du Pelvoux, dont le point culminant, la Barre des Escrins, atteint l'altitude de 4103 mètres, et qui forme un double fer-à-cheval dans lequel on compte plus de cinquante sommets dépassant 3500 mètres, constitue un condensateur des plus énergiques. Aussi l'humidité de l'air

L'OISANS

LE LAUTARET

s'y précipite avec
abondance, les
moindres pluies y
tombent en neiges,
et ces amas de neiges s'y transforment en glaciers
nombreux et puissants.

Une longue suite de crêtes qui va du Pic de
Neige Cordier (3615 mètres) aux dentelures de la
Grande Ruine (3754 mètres), en passant par les cimes
de la Roche Faurio (3716 mètres), de la Roche
d'Alvau, de la Tête de la Somme et de la Tête de
Charrière, décrit un demi-cercle de parois
escarpées d'un aspect des plus désolés
et des plus grandioses. Toutes pla-
quées de fragments de glaciers
suspendus, dits de Roche Faurio,
de Tombe Murée, de la Casse
Déserte, etc., ces parois enser-
rent de leur hémicycle le grand
glacier de la Plate des Agneaux, qui
descend, jusqu'à 2250 mètres environ, ses glaces depuis longtemps déjà
recouvertes des moraines écroulées des
sommets environnants. C'est là, qu'en un

Berceau de la Romanche

défilé resserré entre les contreforts de Roche Méane à l'Ouest et de Cha-
moissière à l'Est, la Romanche prend naissance par la réunion des émis-
saires du glacier. Ses eaux, un instant retenues, forment le lac de l'Etoile.

Elle se dégage bien vite de ce sombre berceau pour venir en un site
déjà verdoyant, au Val Fourche (2179 mètres), recevoir sur sa rive
gauche le tribut du torrent du Clot des Cavales, échappé d'un hémicycle
glaciaire analogue entre la Grande Ruine et le Pic Gaspard (3880 mètres)
et elle arrose maintenant de ses flots vifs et limpides un vallon alpestre
des plus intéressants. Un pont naturel, formé de trois blocs énormes,
réunit ses deux rives, et tout auprès d'elle, des infiltrations supérieures
forment le petit lac Pair.

4

Les sources de la Romanche vues de la Chapelle des Cours

Se dirigeant un moment du Sud-Ouest au Nord-Est, son cours vient baigner des bâtiments en ruines d'une certaine étendue. Ce sont les restes de l'établissement des mines de l'Alpe où l'on traitait naguère des minérais de cuivre gris argentifère exploités à la montagne de l'Homme. Cette exploitation trop ingrate fut abandonnée il y a déjà longtemps, et en 1876, la section de Briançon du Club Alpin Français avait organisé dans une petite cabane, à côté de ces ruines, un primitif Refuge dont les services furent très goûtés. Mais l'afflux des touristes amenés par les pittoresques beautés de cette station de premier ordre, et surtout par les passages du Col du Clot des Cavales et du Col Emile Pic, non moins que par l'ascension facile et merveilleuse de la Grande Ruine, exigeait une installation plus confortable. Aussi, depuis 1892, un grand Refuge gardé avec couchettes, presqu'un chalet-hôtel, s'élève-t-il sur le promontoire qui domine l'ancien Refuge! Le guide Castillan et sa laborieuse femme en font depuis 1894 les honneurs à d'innombrables visiteurs, et les promenades du Col d'Arsines, voire même du Col du Lautaret relié par le fameux sentier des Crevasses, l'ont rendu familier aux simples touristes.

Légèrement infléchie vers le Nord par la rencontre de ce promontoire qui sert de soutien à un berceau supérieur de prairies, la Romanche le longe un certain temps en serpentant au travers d'un pâturage inférieur et rocailleux. Elle baigne pendant ce temps le pied des Pics de neige du Lautaret, contreforts orientaux de la chaîne des Meidje, puis elle arrive à

Chalets d'Arsines

un brusque dénivellement très resserré entre ces rochers et la base du Pic de l'Aup Richard, éperon de Combeynot. Elle fait ici une magnifique cascade dont la base se perd dans un gouffre invisible, puis arrivée au bas du passage dit de l'Ane à Falque, elle se répand, dévastatrice, au travers d'une plaine resserrée qu'elle a complètement recouverte de cailloux.

A l'extrémité de ce paysage de désolation, elle s'épanouit dans un décor herbeux, aux hameaux d'Arsines et du Pied du Col, où elle reçoit sur sa rive droite un petit ruisseau découlant du Col du Lautaret (1660 mètres).

Nous voici sortis de la partie supérieure et ardue du bassin de la Romanche, de celle qui se développe si bien à l'œil du touriste montant les rampes du Lautaret ou de celui qui s'est aventuré jusqu'au joli village

Refuge
de l'Alpe du Villard d'Arène

des Cours, et maintenant la suite de
a vallée va se confondre avec la des-
ription de la grande route de l'Oi-
ans.

Une nouvelle inflexion vers l'Ouest,
t la Romanche atteint, auprès du
Villard d'Arène, des roches de schis-
tes ardoisiers dans lesquelles elle va
se creuser une gorge profonde, difficilement accessible et peu intéressante ; aussi allons-nous la suivre en
nous tenant désormais sur la route
qui arrive de Briançon par le
Lautaret, et qui a remplacé
l'ancienne voie romaine.
Au commencement de ce
siècle, le chemin contournait en encorbellement cette
gorge, et en 1826, M. William
Brockedon y dessinait une Cascade
de la Romanche qu'il publiait dans
ses *Passes of the Alps* (1828).

Gorges de la Romanche
Pont et ancien chemin d'Auris

Nous rencontrons bientôt le village
dit le Villard d'Arène, l'ancienne *Parocchia de Arenis Superioribus*, aux
maisons solidement plantées, rassemblées autour d'une église au clocher
pointu. Nous sommes encore à 1651 mètres d'altitude et l'hiver
le climat est rude, malgré la situation
abritée et relativement ensoleillée.
Aussi, pouvons-nous remarquer, à
toutes les maisons, une précaution
utile prise contre le froid par une
double porte, une sorte de tam-
bour qui forme coussinet entre l'air
extérieur et la chaleur de la maison. Encore, la plupart de ces vesti-

Gorges de la Romanche au-dessous de la Grave

bules ouvrent-ils d'abord sur l'écurie ! Le Villard d'Arène a
donné le jour au botaniste Mathonnet ; sa population laborieuse et active jouit d'une certaine aisance. L'Université de
Grenoble vient d'y créer un petit jardin botanique, annexe de
celui du Lautaret.

Les environs immédiats du Villard d'Arène
ne sont pas très intéressants ; cependant on peut
en faire facilement la promenade du sauvage Lac
du Pontet, mais, au point de vue touriste, il est
fatalement éclipsé par ses deux voisins : la
Grave et le Lautaret.

Ici la vallée de la Romanche prend franchement la direction de l'Ouest qu'elle va con-
server jusqu'à la plaine du Bourg d'Oisans.
Deux tunnels assez longs, forés dans
cette roche schisteuse qu'affouille le torrent et que contournait difficilement l'ancienne route, nous amènent bien vite à la Grave, la capitale de
l'Oisans supérieur, *Parocchia de Are-
nis Inferioribus.*

Vu de la sortie du second tunnel,
le bourg de
la Grave (1100 habi-
tants, 1526 mètres d'alti-
tude), se présente de la façon la plus heureuse,
avec ses maisons étagées au-dessus des hôtels
qui bordent la route. Il occupe la base d'un
plateau incliné, abrité du Nord et tourné vers
le Midi, tout couvert de cultures, et surmon-
té des villages importants des Terrasses, de Ventelon, des Hières et de
Pramélier. Les constructions de la Grave
respirent un air d'aisance et de confor-
table qui fait plaisir à voir. Chaque maison a son petit jardinet où
les fleurs ne manquent pas, et pendant la belle saison les visiteurs
débordent des deux hôtels, pourtant respectables, de Juge et de Tai-

Eglise du Villard d'Arène

Fontaine publique au Villard d'Arène

La Grave vue de l'Est (Sortie du tunnel)

La Grave vue du Sud

raz, et s'installent dans de nombreux appartements meublés.

Pendant les deux ou trois mois d'été, la
situation de la Grave est admirable ; elle offre
aux yeux éblouis un spectacle magnifique sur
cette belle chaîne des Meidje qui s'y développe
dans toute son ampleur, et ses environs recèlent une infinie variété de promenades à la
portée de toutes les jambes. Aux simples promeneurs, elle présente la célèbre excursion
du plateau de Paris, celle du val de Goléon, du glacier de la Meidje, du
lac de Puyvacher; pour de plus robustes marcheurs, elle a le Pic du Mas

Tunnel de la Grave

de la Grave, le Signal de Goléon, avec
leurs immenses panoramas, ou le Col
de la Lauze avec ses émouvants glaciers; enfin, aux grimpeurs les plus
intrépides, elle donne accès aux abruptes Aiguilles d'Arves ou à la Meidje si
longtemps réputée inaccessible (3987
mètres). Une phalange de guides
éprouvés, la dynastie des Pics, Faure,
Mathon, les Mathonnet, etc., diplômés
par la Société des Touristes du Dauphiné, facilite l'accès de toutes les
cimes.

La Grave pourrait nous retenir
longtemps, mais il faut suivre la Romanche dont les flots bondissants
pénètrent maintenant dans la
grandiose gorge de Mal-
leval.

Les im-
menses escar-
pements qui
soutiennent les

Eglise et cimetière de la Grave

pâturages du plateau de Paris resserrent au Nord cette gorge qu'étouffent au Sud les contreforts granitiques du Peyrou d'Aval, ces sentinelles avancées de l'immense glacier du Mont de Lent. Entre ces deux masses puissantes, il ne reste que bien peu d'espace autour de la route et de la Romanche qui vont se cotoyant à des niveaux différents, et cependant,

La Meidje vue de la route du Chazelet

partout où il a pu trouver un lambeau de terre arable, l'homme patient et laborieux a fixé sa demeure. Aussi rencontrons-nous bientôt, sur la rive droite qui sert d'assiette à la route, le petit village des Fréaux, auprès d'une magnifique cascade qui lance, du haut de l'escarpement, les eaux venues du Goléon et des Aiguilles de la Saussaz par la Buffe et le Chazelet.

Plus loin, les vastes bâtiments du Grand Clot bordent la route. Tantôt déserts, tantôt regorgeant d'activité, ces bâtiments suivent le sort d'une exploitation intermittente de cuivre gris argentifère dont les galeries sillonnent la haute paroi de la roche. En face, des échappées, dont chacune donne passage à un torrent, montrent des cascades de séracs dégringolant des glaciers supérieurs, piédestaux immaculés du Rateau, du Pic de la Grave, du Jandri.

A droite, encore une cas-
cade, celle du Rif Tord, tandis
que sur le mince bourrelet
que laisse la rive gauche entre
la Romanche et les rochers,
nous voyons les ruines de l'hospice
de Loches, ancien refuge dont la
situation démontrerait que la vieille route, et sans doute aussi la voie
romaine suivaient cette rive. Nous la
rejoignons bientôt, à dix kilomètres

Joseph Gaspard

de la Grave, et dans un site qui s'élargit un peu et devient moins sauvage, nous passons
au village du Dauphin (1000 mètres environ d'altitude).

Après la traversée d'une
petite plaine, d'où nous
jetons en arrière un

Jean-Baptiste Rodier
Louis Faure

dernier regard sur la flèche élancée de la
Meidje, nous venons nous heurter
contre un éperon que nous franchis-
sons par le tunnel du Chambon, et
nous voici dans un défilé court, mais
très resserré, où la gorge sauvage du Ferrand, écoulant les glaciers orientaux du massif
des Rousses et amenant les eaux de Besse, de Clavans
et de Mizoen, vient se jeter dans celle de la Romanche.

Lavandières à la Grave

Encore quelques pas et nous débouchons
sur le riant plateau où le nouveau village du
Fréney est venu se reconstruire de chaque
côté de la route.

L'ancien village était sur la
première des terrasses qui s'étagent
au-dessus de la gorge, et l'on y voit encore l'église au clocher trapu. Les hameaux
et les fermes se suivent sans discontinuer jus-

Enfants du Dauphin

5

L'Usine du Grand Clot

qu'à une as-
sez grande
hauteur en re-
montant une
combe ouver-
te dans les
contreforts
méridionaux
des Grandes
Rousses, et
qui donne accès par le Col de Cluys aux plateaux de Brandes. Coupés de distance en distance par les lacets de la nouvelle route, on y
retrouve encore de nombreux tronçons d'un
chemin pavé qui fut jadis la petite voie de

Cascade du Rif Tord

Brandes. Sur la
rive gauche, le vil-
lage du Mont de Lent,
avec ses hameaux de
Cuculet et de Bons, s'étale
sur un plateau à trois cents
mètres environ au-dessus du
niveau de la route. C'est dans
l'escarpement qui le soutient que l'on remarque
encore les vestiges de la Porte Romaine et de la
voie militaire.

Au-dessous et à l'Ouest de ce palier du Fréney, la Romanche se précipite dans les gorges
abruptes de l'Infernet. La route qui demeure
sur la rive gauche est obligée de remonter
un peu pour aller chercher le petit plateau de la
Rivoire, et encore, pour y arriver est-elle obligée
de franchir un encorbellement où son assiette
a été récemment élargie et deux petits tunnels.

Cascade
des Fréaux

Col de Cluys

Parvenu à l'étroit plateau de la Rivoire, le voyageur jouit d'un coup-d'œil des plus intéressants sur les abîmes au fond desquels mugit la Romanche, sur les terrasses cultivées d'Auris qui lui font face, et vers l'Ouest, sur les montagnes du Rochail et de Villard Eymont, au-delà de la plaine du Bourg d'Oisans. Pour achever la traversée de la gorge de l'Infernet, la route aborde la rampe des Commères, où dans un site qui ne le cède en grandeur à aucun autre, elle écharpe, par une descente continue de cinq kilomètres, les esca   supportent les cultures

Tunnel du Chambon
et Pont de Mizoen

'es Hugues et du 'enail.

Un dernier étranglement, dont la route profite pour la franchir par le pont de Sainte-Guillerme, et la Romanche débouche, calme et tranquille, dans la large et longue plaine qui fut le lac Saint-Laurent.

C'est un aspect bien particulier que celui que présente cette plaine du Bourg d'Oisans, longue de

Mont de Lent

près de 15 kilomètres en droite ligne, large de 2 kilomètres en moyenne, effilée aux deux extrémités, et offrant l'apparence, non pas d'une simple

Le Freney

dépression, mais d'un enfoncement brusque, avec des cassures franches de très grande hauteur. En effet, sur sa rive droite, à l'Est, le massif des Rousses s'y termine par un escarpement continu, dont les stratifications tourmentées sont classiques en géologie, et qui supporte à 5 à 600 mètres au-dessus du niveau de la plaine les terrasses de Villard Reculat, de la Garde, de l'Armentier et d'Auris. Sur la rive gauche, la muraille est plus importante encore, car c'est de 1000 mètres en moyenne que se dressent, au-dessus de la vallée, les roches à pic qui soutiennent les terres de Villard Saint-Jean et de Villard Notre-Dame. Et après l'étroite ouverture de la Lignare, si les escarpements ne sont plus absolument abrupts, ils sont remplacés par des pentes excessives balayées, à chaque chute de pluie ou à cha-

Au Freney

que fonte de neiges, par des avalanches de pierres. Dans ce décor sombre et grandiose, auquel les crêtes de la Grande Lance, de l'Herpie, de Pied Montet et du Rochail dépassant les premiers contreforts viennent donner encore plus d'ampleur, s'allonge, presque absolument plate, la région nivelée et fertilisée par l'humus de l'ancien lac. Aujourd'hui, à peu près entièrement asséchée, elle présente un damier de cultures comparable à celui de la vallée du Graisivaudan.

C'est presque à son arrivée dans cette vaste cuvette que la Romanche reçoit sur sa rive gauche le tribut des eaux de l'impétueux Vénéon, autrefois dit le Vençon, et, docile à son impulsion, elle se dirige maintenant du Sud au Nord comme lui, avec une légère inflexion vers l'Ouest.

Pendant 5 à 6 kilomètres, son trajet se déroule calme et presque monotone ; mais un bruit sourd, qui va grandissant à mesure que l'on approche, annonce la puissante Cascade de Sarène, et bientôt la voilà qui apparaît, franchissant en deux bonds de sa large nappe écumeuse une roche noire striée de blanc. C'est dans ce corridor de rochers que s'engouffre l'écoulement de la moitié des grands glaciers des Rousses ; l'industrie a fait un emprunt à cette force colossale pour fournir la lumière électrique au Bourg d'Oisans, et pour actionner les artifices d'une filature dont les bâtiments se groupent au pied de la cascade. Libérées et assagies, les eaux de la Sarène s'écoulent paisiblement dans la plaine et vont un peu plus bas rejoindre la Romanche.

La route, au contraire, fait auprès de la cascade un angle

Route du Freney

droit à l'Ouest et traverse la plaine en franchissant le torrent et la source
cristalline de la Rive, pour venir desservir le Bourg d'Oisans. Cette grosse
agglomération, capitale de l'Oisans et chef-lieu de canton, a les allures
d'une petite ville et les maisons s'y accotent l'une à l'autre laissant les
vergers en dehors et traçant dans la plaine des rues nettement dessinées.
A l'extrémité occidentale, elle se relève un peu au dessus de l'Hôtel-de-

Plaine du
Bourg d'Oisans

Ville et plante sur un
revers de colline son église
et son hôpital qui peuvent en effet avoir
dominé le niveau de l'ancien lac Saint-Laurent (¹). Très
commerçant, animé par les échanges des vingt-quatre communes du
canton, le Bourg d'Oisans ne renferme aucune curiosité et ne saurait
retenir l'attention de l'archéologue. Deux beaux hôtels modernes s'y sont
construits récemment, un peu à l'écart du bourg et à proximité de la
gare, tête de ligne du tramway à vapeur qui le rattache au grand mouvement. On y voit un certain nombre de maisons de plaisance, et il
commence à devenir un séjour d'été pour ceux que n'entraînent pas les
villégiatures plus alpestres de la Grave, de la Bérarde ou du Lautaret.

La route reprend avec la Romanche la direction du Nord, et tandis

(¹) D'après le Cartulaire de Saint Hugues, la paroisse du Bourg d'Oisans aurait déjà été
dénommée en 1100 *Ecclesia Sancti Laurentii de Lauso*, ce qui donne à croire qu'à cette époque
existait dans la plaine de l'Oisans un étang ou des marais, sans doute ancien vestige des lacs
morainiques, que l'accident de 1191 n'aurait fait qu'augmenter.

que celle-ci reçoit sur sa rive gauche les flots de la Lignare, écoulant par le val d'Ornon le revers du Rochail et les pentes de Taillefer, elle parvient bien vite à l'extrémité de la plaine, au petit village des Sables, ancien relai de la diligence, maintenant station du tramway sous le nom de Rochetaillée-Allemont.

La Rive au Bourg d'Oisans

C'est ici en effet que s'embranche la vallée d'Allemont : c'est à quelques pas de là que l'Eau d'Olle, le troisième des cours d'eau de l'Oisans vient enfler la Romanche du tribut d'une partie des glaciers des Rousses et du revers de la chaîne de Belledonne. Conducteur débonnaire, la Romanche, qui tout à l'heure s'était conformée à la direction du Vénéon, se laisse maintenant guider par l'Eau

Grand Hôtel

d'Olle, et se courbant en angle aigu au Sud-Ouest, suit le cours tracé par son affluent.

La vallée se resserre entre des roches abruptes qui semblent s'élancer vers les nues. Un moment on en voit bondir la Cascade de Bâton, émissaire du revers de Belledonne. Bientôt arrivée au seuil de

Hôtel de l'Oberland

l'Avena, vestige de l'ancien bourrelet qui avait formé le lac, la Romanche se précipite de rapides en cataractes pendant un parcours d'environ 16 kilomètres dans la som-

bre et pittoresque gorge de Livet et Gavet. La route souvent empor-
tée, toujours patiemment rétablie, tantôt sur l'une, tantôt sur l'autre
rive du torrent indompté, suit une ancienne terrasse de moraines,
et rencontre un village partout où un replat de quelques mètres a
permis à l'homme d'établir ses cultures. Elle passe ainsi à Livet,
à Rioupéroux, agglomération ouvrière récemment créée autour d'une
puissante usine, à Gavet, l'ancien *Catorissiacum*, à l'Ile de Séchilienne,
et débouche au Péage dans la pe-   tite et riante plaine
de Vizille, à la tête du parc   du Connétable.

Village des Sables

Ici finit l'Oisans : ou plutôt nous l'avons vu finir aux Sables, et cette
longue gorge de Livet et Gavet est une région intermédiaire où le massif
de Belledonne, dont elle baigne le pied oriental, vient le disputer au massif de Pelvoux. C'est surtout le domaine de l'industrie, et tout au long ce
ne sont que dérivations de la Romanche, canaux, chûtes et usines qui
s'efforcent d'asservir, pour le plus grand profit de l'humanité, les forces
vives de la nature, et dont nous aurons à reparler avec quelques détails
quand nous nous occuperons de l'avenir de l'Oisans et de son organisation hydraulique.

VALLÉE DU VÉNÉON

Nous avons vu que l'Oisans ne s'appuie pas sur la dorsale franco-italienne : son point culminant, la Barre des Escrins, ne se trouve pas davantage sur la ligne de partage des eaux de son principal massif, et ce n'est que d'une façon très générale que l'on peut dire que la vallée du Vénéon commence au pied des Escrins. En réalité elle n'a au plus haut de son pourtour que le Pic Lory (4083 mètres), point de suture où la crête, qui se relève à 4103 mètres au sommet de la Barre des Escrins, se rattache à l'arête principale d'entre Romanche et Durance.

Une halte dans la vallée de la Pilatte

Au pied des pics majestueux qui en rayonnent, se creusent, à droite et à gauche, au Nord et au Sud, deux vallons profonds et sauvages, dont l'un qui commence au bas de la grande muraille méridionale de la Meidje, s'appelle la Combe des Etançons, et l'autre, qui naît au pied des Bans et de l'Aléfroide, prend le nom de vallée de la Pilatte. Du moins ce sont là les noms actuellement usités. Au XVIIIᵉ siècle, on disait Combe de Tançon ou de Tancon et Vallée de la Pirate (Carte de Cassini). Le premier, importé peut-être du provençal Estancoun par les bergers de moutons, ne paraît pas avoir de signification bien précisée ; quant au second, Pirate ou Pierrate, il tire une origine bien justifiée de l'amoncellement de moraines qui en rend le parcours si ingrat.

Il semble d'ailleurs que l'envahissement des pierres se prononce de plus en

Torrent du Carrelet

L'Aléfroide, vue de la Vallée de la Pilatte

plus, car à un point où les parois s'écartent un peu, et où il reste encore un petit pâturage, on trouve des vestiges de masures que la tradition rapporte à l'ancien village du Carrelet, abandonné par suite de la disparition des bois et des prairies.

L'espace nous manque pour donner une description utile de ces deux hauts vallons alpestres, entourés des cimes les plus renommées de la région, auxquelles ils ouvrent le principal accès. Cette situation exceptionnelle ne pouvait manquer d'attirer sur eux l'attention des Sociétés Alpines qui ont voulu essayer de parer à leur solitude. Le vallon des Etançons, qui

Refuge du Carrelet

Au campement

fut pendant longtemps le seul, et est encore le principal chemin de la Meidje, qui conduit aussi au col fréquenté du Clot des Cavales, à la Brèche de la Meidje, au Col des Escrins, etc., a vu s'élever en 1882, sur son petit plateau central, le Refuge du Chatelleret (2250 mètres d'altitude) et possède en outre à sa naissance, depuis le mois d'août 1901, le Refuge du Promontoire (3100 mètres environ).

Quant à la vallée de la Pilatte, plus importante encore puisqu'elle conduit au Col de la Temple, au Col du Sélé, et au Col du Says, pour n que des principaux, ainsi qu'au beau Glacier de la Pilatte si fréquemment visité par les hôtes de la Bérarde, elle recèle au pied de son lambeau de bois de pins le Refuge du Carrelet (2070 mètres).

Refuge du Châtelleret

Courant à l'opposé l'un de l'autre, le torrent des Etançons, qui vient du glacier de ce nom, et le torrent de la Pilatte écoulant les grands glaciers de la Pilatte, du Says et du Chardon, se rejoignent au pied d'un contrefort des Escrins, dit la Rochaille et les Cornes de Pié-Bérarde, tout contre le petit village si bien nommé la

Pont de la Bérarde

Bérarde (de *bérard*, berger), et leur réunion forme le torrent dit aujourd'hui du Vénéon. Ce nom qui l'a emporté dans l'usage, et dont la consonnance semblerait avoir une allure étrangère, est tout simplement le résultat d'une erreur de lecture ou d'une faute de copiste. Au XVIIIe siècle on l'appelait le Vençon (carte de Cassini) ou le Venson (carte de Chanlaire, 1796); même au commencement du XIXe siècle, on

Chalet-Hôtel de la Bérarde

La Bérarde

écrivait encore Vençon (Atlas National, 1824), et c'était là comme la Vence, l'Avance ou l'Avançon, une des formes ordinaires et anciennes des noms des cours d'eau.

La Bérarde (1738 mètres d'altitude) est le véritable centre alpiniste de l'Oisans. Nous aurons à y revenir quand nous parlerons de l'alpinisme et de l'ascension des grands pics. Pour le moment, nous y voyons une dizaine de maisons rustiques, une petite hôtellerie et une belle chapelle, entourées de champs cultivés qui vont en s'étageant, un peu à la

Chapelle de la Bérarde

La poste à la Bérarde

base de la Rochaille, mais surtout au pied de la Tête de la Maye, sur le versant le mieux exposé au Midi. La plaine, si tant est qu'il y en ait, est entièrement ravagée par les eaux. Quelques bouleaux, arbres chétifs, contrariés par les vents, quelques buissons de vernes, y représentent la végétation arborescente, et de trois côtés de l'horizon s'élèvent au dessus des champs et des pentes pierreuses des murailles de roches que leur proximité fait paraître gigantesques. Par le vallon de la Pilatte on aperçoit les contreforts glacés de l'Aléfroide; par la coupure des Etançons, on voit briller la fine pointe de la Meidje, et ce n'est qu'à l'Ouest que les montagnes s'abaissent vaguement pour laisser entrevoir toute une succession de plans étagés, pour laisser espérer une sortie.

C'est par ce corridor que s'évade le Vénéon, ainsi que le chemin muletier qui en suit le cours de plus ou moins près, au hasard des caprices du terrain.

Ils traversent bientôt un petit bois de bouleaux, assez touffu, seul reste de l'ancienne végétation épargné par les éboulis et les avalanches, puis à 2 1/2 kilomètres de la Bérarde, les parois s'écartent un peu, celle de gauche laisse échapper par une échancrure toute une série de cascades, une petite plaine bien cultivée s'offre aux yeux, avec une chapelle ruinée et des maisonnettes proprement restaurées depuis l'incendie de 1893 : on arrive aux Etages (1595 mètres). Eclipsé par le voisinage de la Bérarde, le hameau des Etages fait comme elle partie

Ancienne auberge, Maison Rodier

Les Étages

de la commune de Saint-Christophe : une dizaine de ménages y vivent du produit de leurs champs, mais la vie y est si dure que, malgré l'attachement du montagnard aux lieux qui l'ont vu naître, la population y diminue graduellement.

Après cette oasis, d'où le promeneur peut contempler une dernière fois les neiges des Escrins que va lui dérober bientôt une inflexion de la gorge, commence la partie la plus sauvage de la vallée. Sur les deux rives du Vénéon qui se précipite en rapides écumeux au travers de blocs énormes dérangés à tous moments par son choc impétueux, ce ne sont que des pentes d'éboulis plongeant jusqu'au torrent. Le chemin, que balayent au printemps de dangereuses avalanches, serpente sur la rive droite; à gauche une large ouverture conduit vers de beaux alpages au fond desquels on aperçoit les glaciers et les roches de l'Olan. Un fort ruisseau s'en écoule, qui, pour rejoindre le Vénéon

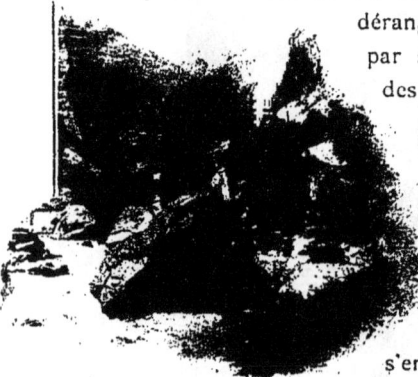

Vallée du Vénéon

Champforant

profondément encaissé, décrit dans un étroit abîme une magnifique cascade ; tout là-bas, au fond, on distingue un pont hardi jeté sur le torrent, un chemin rocailleux qui remonte en lacets à côté de la cascade : c'est le chemin de la Lavey. Dans l'ermitage auquel il donne accès, cirque de prairies entouré de géants glacés tels que les Fétoules, les Rouïes, l'Olan, les Arias, se blottissent quelques chalets et un refuge du Club Alpin (1780 mètres), bien nécessaire pour la visite de cimes dont le pied est déjà si reculé.

Mais dans notre vallon principal, tandis que le Vénéon, creusant de plus en plus sa fissure, se dérobe aux regards dans son impénétrable retraite, le chemin vient se heurter à un contrefort rocheux. Ne voulant y faire ni tunnel, ni encorbellement, il prend le parti de l'escalader par deux lacets rapides, et le touriste s'émerveille en arrivant ainsi aux deux ou trois maisons qui composent le hameau de Champforant.

Accroché comme un balcon à la roche qui sert d'axe à l'inflexion de la vallée, le petit plateau de Champforant est un précieux belvédère, vers l'aval comme vers l'amont de la vallée du Vénéon, ainsi que sur le vallon de la Lavey. Champ forant ou foréant, Champ lointain : c'est bien l'expression pour qui le voit de Saint-Christophe, ce plateau qui semble fermer la vallée ; mais de son aire, on découvre maintenant la partie centrale de la vallée du Vénéon, profonde, aux pentes abruptes sur les deux rives, plongeant presque sans inflexion des sommets jusqu'au bas de l'entaille que se sont creusée les eaux, et fermée à l'aval, à l'autre bout, par la singulière bosse de Pied-Montet. La pente de la rive droite, mieux exposée au soleil, est toute garnie de petits carrés de culture que la patience de l'homme a conquis sur la nature, et où elle a réussi à fixer un sol ingrat et instable. Parfois l'étroite terrasse que forme chacun de ces carrés se prononce un peu plus, et alors elle sert d'assise à un petit groupe de maisons : on voit ainsi Champ-Ebran, le Clot, les Granges, etc. Là-bas, vers le fond de la vallée, les toits de Saint-Christophe et le clocher

de son église émergent d'un bosquet de frênes. En face, l'abrupt penchant de L'Aura-Noure n'a qu'un replat: c'est le godet de verdure où l'on distingue les chalets de l'Alpe du Pin.

Tandis que le Vénéon, descendu si profondément dans ses abîmes qu'il va courir maintenant avec une faible pente jusqu'au Clapier de Saint-Christophe, prend des allures de paisible rivière, le chemin, pavé comme une voie ro- maine et tracé au hasard des champs et des ravins, monte et descend sans nul souci d'abréger la route, et fournit trop souvent asile aux innombrables ruis- selets qui dégringolent des satellites de l'Aiguille du Plat. Les visiteurs et les transports de la Bérarde, les rares relations des Étages, de la Lavey ou de Champforant sont seuls à l'animer, et nul ne se charge d'en améliorer l'assiette. Enfin, après un nouveau détour causé par une mauvaise trainée d'avalanches, il arrive au chef-lieu de la vallée, à Saint-Christophe en Oisans.

De très ancienne origine, puisqu'on le trouve déjà cité dans des titres de 1115, le village de Saint-Christophe, à 1470 mètres d'altitude, avec ses 492 habitants, n'apprécie que depuis peu de temps ces progrès de la civilisation que l'on appelle le télégraphe et la route à voitures.

Sa situation pittoresque, son enceinte de cimes neigeuses et escarpées, l'avait déjà imposé à l'attention des alpinistes qui s'y résignaient naguère à une maigre hospitalité dans deux auberges rivales. Maintenant un bon petit hôtel de montagne y reçoit très confortablement les simples touristes, clientèle plus exigeante que les premiers grimpeurs, et les familles en quête de grand air commencent à y estiver.

Le guide Gaspard père

Saint-Christophe-en-Oisans.

Saint-Christophe est la patrie des Gaspard, des Roderon, des Turc, etc., phalange et dynasties de guides de premier ordre pour qui les pics ardus qui les entourent n'ont plus de secrets.

La route carrossable, terminée en 1898, commence devant l'hôtel. Dans son premier lacet elle enveloppe l'humble église autour de laquelle, par une ancienne et pieuse coutume, s'étend le cimetière. C'est là que dorment les rudes bergers de la Bérarde, de la Lavey, etc., dont la dépouille a souvent fait sur des bras amis des trajets de quatre et cinq heures, car on pratique peu dans nos montagnes les macabres chevauchées si bien décrites pour la Corse et la Sardaigne par la plume de Gaston Vuilliez (Les Iles Ou-bliées).

C'est là que s'élèvent aussi les tombes d'Emile Zsigmondy et d'Ernest Thorant, deux vaillants alpi-

Tombes d'Emile Zsigmondy
et d'Ernest Thorant.

7

nistes, tombés à la Meidje, et dont nous reparlerons au chapitre des sommets.

Dans un dernier lacet, la route abandonne le versant de Saint-Christophe et franchit sur un pont hardi le ruisseau du Diable, arrivant du Vallon de la Selle, et qui n'a pu ici entailler le granit que d'un étroit sillon, contraste frappant avec l'ampleur de son réceptacle su-périeur. A une soixantaine de mètres plus bas on aperçoit en-core l'ancien pont du Diable, le pont du chemin muletier, dont le site étrange était bien plus dia-bolique.

Dégagée du ra-vin du Diable, la route s'escarpe en une ligne continue à la base des flancs de la Tête du Toura, bouleverse l'an-cienne halte des Fontaines Bé-nites, et domine, pendant plus de 3 kilomètres, le pierreux et désolé berceau qu'on appelle le Plan du Lac. Ici la dénomina-tion est d'accord avec l'aspect des lieux, et il est manifeste qu'a-vant la rupture d'un barrage dont le Clapier de Saint-Christo-phe est sans dou-te le vestige, le Vénéon formait un lac étroit et allongé, dont le nom est resté à la plaine que les eaux ne font

Le ravin du Diable.

plus que traverser... et ravager. Sur la rive gauche une belle cascade, projetée par le vallon de l'Enchâtra, apporte au Vénéon le tribut des glaciers de la Muzelle. Du site grandiose et sévère de ce Plan du Lac, les Dauphinois ne peuvent séparer la mémoire de leur grand peintre de montagnes, l'abbé Guétal, qui en brossait une toile si

Le Plan du Lac.

magistrale quand la mort est venue le frapper.

La route atteint le niveau de la plaine à l'aval de ce long corridor, et passée sur la rive gauche, elle aborde en même temps que le Vénéon l'apocalyptique chaos du Clapier.

Sur une longueur de près de 2 kilomètres des blocs colossaux, éboulés de la montagne, s'amoncellent au fond de la gorge resserrée. Le Vénéon infiltre ses cascades dans leur entassement et, avant la construction de la route, l'un de ces monolithes servait de pont naturel au chemin. Plus brutale, armée de la force des explosifs, la route s'est frayé

Dans le Clapier de Saint-Christophe.

un passage au milieu de ce dédale, et rachetant la pente par un détour, elle rejoint et traverse le torrent à l'amont de la riante plaine de Vénosc, au petit hameau de Bourg d'Aru (980 m. d'altitude).

Ici la transformation est bien accentuée. L'étage du Clapier de Saint-Christophe sépare deux mondes : au dessus celui des pâturages, des grands rocs et des glaciers, en bas celui de la montagne moyenne verdoyante et boisée.

Précédé d'une petite chapelle ombragée de noyers, le Bourg d'Aru, rangé sur la rive droite, le long du torrent qui lui a donné son nom (bourg du ru, du ruisseau) est un peu comme le port, la *marine*, de Vénosc. Assez gros village, assis dans les cultures au pied du Col de l'Alpe, Vénosc, anciennement dénommé *Ecclesia de Venosch* ou *de Vennesco*, regrette sans doute l'âge héroïque des touristes à pied qui venaient recevoir l'hospitalité dans sa légendaire auberge Pâquet. Aujourd'hui, les cars alpins, les voitures, qui vont à Saint-Christophe, le laissent dédaigneusement de côté et changent de chevaux, voire même de véhicule, devant l'hôtel du bon vieux père Giraud, dit l'Ancien, le conseiller de tous les grimpeurs de l'Oisans.

La vallée ne s'élargit guère, mais la base des pentes s'adoucit. A droite ce sont les cultures, puis les prairies qui montent au Col de l'Alpe, à gauche c'est l'ouverture du vallon de la Mu- zelle, par où arrivent les eaux recueillies dans le lac de ce nom.

Pont de Bourg d'Aru

Ainsi qu'on le voit, notre vallée a de nombreux tributaires dont cette revue rapide permet à peine de mentionner les noms, et nous n'avons fait que citer le grand vallon de la Lavey qui conduit à l'Olan, comme celui de la Selle, chemin du Col de la Lauze. Ici, sans avoir la même importance pour les alpinistes, le vallon de la Muzelle mérite un peu plus d'attention, car le col de 2500 mètres auquel il donne accès doit à cette alti-

A Bourg d'Aru.

tude modérée de servir de passage ordinaire aux habitants de l'Oisans se rendant au Valsenestre ou au Valjouffray. Plusieurs hameaux, les Côtes, le Cerisier, etc., jalonnent ce trajet, et dans le gracieux lac que contourne le sentier se mire la cime hardie de la Grande Roche de la Muzelle (3459 m.), le pylône occidental du grand cirque de la Bérarde, belvédère incomparable que les grimpeurs abordent d'ordinaire par le versant de l'Enchâtra.

Pont sur le Vénéon.

Maintenant il n'est plus question de cascades, à peine de rapides. La route et le Vénéon côte à côte roulent dans une succession de sites agrestes, où la végétation arborescente des bouleaux et des sapins s'essaie à masquer la nudité des roches embaumées de lavande. De nouveau, la paroi s'échancre à gauche, sur un cône de déjections s'étagent les maisons blanches de la Danchère, et l'on aperçoit, se profilant sur le ciel, le barrage moranique du lac Lauvitel, aux truites renommées.

Merveilleux coup d'œil pour le visiteur que celui de ce lac grandio e entouré de rochers si abrupts qu'on ne peut en suivre les bords.

Lac Lauvitel.

faut le traverser en radeau si l'on veut atteindre les alpages supérieurs de son bassin !

Mais l'ouverture de la vallée se prononce, on commence à entrevoir la plaine de l'Oisans s'étalant au pied des abruptes falaises qui supportent les prairies de Villard Notre-Dame. Encore quelques tours de roue, et contournant le Rocher du Ferrarey, le chemin vient rejoindre au Pont de Sainte-Guillerme la route de la Grave et du Lautaret, tandis que par un vaste estuaire le Vénéon mélange ses eaux avec celles de la Romanche : les écoulements des deux flancs de la Meidje et de sa longue chaîne sont réunis.

VALLÉE DE L'EAU D'OLLE

Tandis que les deux premiers grands cours d'eau de l'Oisans prennent naissance dans le massif principal du Pelvoux, celui qui nous reste à décrire vient d'une région toute différente.

C'est bien au Nord, presque à l'extrémité septentrionale du massif des Rousses, au pied des Cols de la Croix de Fer (2062 mètres) et du Glandon (1951 mètres), que l'Eau d'Olle se forme des écoulements des Parons, de la Pointe de l'Ouglion et de ce puissant renflement du massif d'Allevard que l'on appelle les Crêtes d'Argentière.

Le ruisselet commence à se créer un lit régulier dans les prairies vers le hameau du Plan du Col (1900 mètres environ d'altitude) et il prend sa course au Sud-Ouest dans un riant berceau de verdure, entouré de toutes parts de pics

Cascade d'Articol.

rocheux et noirâtres striés de neiges, dont les uns sont la face orientale du massif des Sept-Laux, et les autres les contreforts occidentaux des Grandes Rousses. Un étranglement et un changement de direction de la vallée semblent la fermer entièrement et en faire un grand entonnoir sans issue, une sorte de marmite, *Olla* en latin, d'où lui est venu son nom de Combe d'Olle et au torrent celui d'Eau d'Olle.

Par un singulier caprice des délimitations politiques, la partie supérieure de ce berceau dépend du département de la Savoie, et ces prairies, assez peu rocailleuses et en pente assez douce pour être fauchées, appartiennent aux habitants de la vallée des Villards et de la vallée d'Arves. Aussi c'est, au moment de la fenaison, un bien curieux spectacle que celui de l'animation de ces prés et de ces chalets, où vont et viennent les belles filles de Savoie, avec leurs costumes pittoresques, dont les couleurs tranchées ressortent si vivement sur la verdure des alpages.

Sur la rive gauche, et comme nouvel attrait à ce gracieux paysage, blanchit l'écume d'une large cascade, dont le bruit a donné son nom au torrent qui la forme : c'est le Nant de Bramant, puissant affluent bien plus considérable que le cours d'eau principal, qui, par une coupure rocheuse et sauvage, dégringole d'un plateau supérieur des Rousses. Là des lacs mélancoliques (le lac Blanc, le Grand Lac, le lac Tournant, etc.) peu fréquentés par les touristes, dorment dans un site grandiose analogue à celui des Sept-Laux, entre les roches ocreuses des Parons et les prolongements de l'Ai-

Route de la Combe d'Olle

guille Noire (3173 mètres) et de la Cochette (3270 mètres) et recueillent les eaux d'une partie du grand glacier de Saint-Sorlin séparée par un dos d'âne à peine sensible de celle qui se déverse dans l'Arvant. Il semble donc que ce cours d'eau alimenté par les écoulements de glaciers éternels soit plus sûrement la véritable source de l'Eau d'Olle que les ruisselets variables sortant des prairies de l'Ouglion, mais là, comme pour la Durance, il ne faut pas songer à réformer la nomenclature.

L'Eau d'Olle, ainsi amenée à un volume respectable, reçoit bientôt, aux Quatre-Maisons ou Granges de Rifclaret, un nouveau tributaire, le ruisseau de Rifclaret. Celui-ci, qui la rejoint sur sa rive droite, et lui amène les eaux du versant oriental de la chaîne des Sept-Laux, sert aussi

Vue du berceau de Rif Claret.

de ligne frontière entre les départements, et, dès lors, la vallée devient dauphinoise (1625 mètres d'altitude).

Mais ce berceau de pâturages, si riant et si vert tout à l'heure, s'amoindrit et s'attriste, il est à la fois moins large et plus rocailleux; la faux ne convient plus à son herbe rare et dure, et quand on arrive à la Grand'Maison, ce n'est plus qu'un pâturage à moutons exploité par les troupeaux Transhumants.

La Grand'Maison.

Ici la vallée se resserre : la direction initiale se trouve barrée par le ressaut tapissé de prairies dans lequel s'ouvre le Col du Sabot (2100 mètres environ), et sur la rive droite se fissure, entre la base escarpée du Bunard (Massif des Sept-Laux) et les parois des Rochers Rissiou, un étroit et sombre défilé dans lequel se précipitent les eaux : c'est le Maupas.

Sur un trajet de 4 kilomètres environ, l'Eau d'Olle gronde dans un abîme où la route carrossable, récemment achevée, a eu grand'peine à se frayer un passage. La direction de l'Est à l'Ouest et même un peu au Nord-Ouest se prononce dans cette faille en contradiction avec la direction générale, qui ne reprend du Nord au Sud que lorsque, dégagé de ces sublimes horreurs, le torrent retrouve, au pied du Pas de la Coche, une autre vallée de plissement parallèle à la première. Vers la fin du Maupas, l'abrupte paroi de la rive droite est sillonnée par une brillante cascade, dite la Cascade des Lacs, qui tombe des lacs Jeplan, de la Corne et de la Sagne, ceux des Sept-Laux qui regardent l'Oisans.

Défilé du Maupas

Le vallon de l'Eau d'Olle est maintenant descendu au niveau de 1100 à 1200 mètres ; largement ouvert aux bienfaisants rayons du soleii, il étale sur sa rive droite des champs fertiles exploités par la culture, et plus haut, comme en face, les pentes des montagnes sont recouvertes par l'abondante végétation des sapins.

Nous y rencontrons d'abord le village du Rivier d'Allemont (1280 m.), au pied des Sept-Laux et du Pas de la Coche. Il tire une importance relative des relations muletières assez fréquentes par ce passage ;

on y aurait même découvert quelques débris d'antiquités romaines, argument de plus en faveur de l'ancienne voie romaine du Pas de la Coche. Puis les pentes s'adoucissent, et Articol (980 mètres) vient planter ses maisons d'apparence assez misérable sur les bords même de l'Eau d'Olle limpide et bleue. Du revers

Au sortir du Maupas.

oriental de Belledonne, de nombreuses combes, ouvertes à chaque repli des cimes, s'abaissent vers la vallée, tandis que la face abrupte des Rochers Rissiou ne se sillonnent que de couloirs presque inabordables, où les chamois trouvent un refuge quasi inviolable.

Cascade des Lacs ou du Maupas.

Leur aspect est si sauvage que l'on éprouve un soulagement quand, à leur extrémité, on voit l'horizon s'élargir par la dépression de la vallée de Vaujany. Cette vallée, la plus importante de celles qui aboutissent à l'Eau d'Olle, se retrouve exactement dans la direction de la Combe supérieure d'Olle ; verdoyante et

8

herbeuse comme elle, ouverte dans le même pli géologique, elle en paraît la continuation naturelle, et il semble bien à les voir, d'un belvédère approprié, qu'une convulsion de la nature, en ouvrant le défilé du Maupas, a modifié et contourné le cours de la vallée principale, originairement direct du Col du Glandon à Allemont.

Quoiqu'il en soit, le Flumet, né des multiples cascatelles étincelantes au flanc des Petites Rousses, apporte par là à l'Eau d'Olle les eaux des nombreux lacs et des glaciers occidentaux des Rousses.

Route du Rivier d'Allemont.

Considérablement accru, notre cours d'eau passe au pied du coteau sur lequel brillent les toits et le clocher pointu d'Allemont, et il vient arroser les bâtiments de la Fonderie. Là se trouvent en effet, dans un état assez marqué d'abandon, les vastes bâtiments de la Fonderie d'Allemont, où se traitaient na- les minérais des Chalanches et sur les- nous aurons à revenir en parlant des richesses minéralogiques de la région.

Cascade du Rivier d'Allemont

guère quels

Puis les montagnes s'écartent, la vallée s'ouvre plus largement, et longeant paisiblement une digue qui protège contre ses fureurs intermittentes la fertile plaine de l'Oisans, l'Eau d'Olle vient se perdre dans la Romanche, à quelques pas du hameau des Sables et de la station de Rochetaillée-Allemont.

. .

Moins grandiose, moins sauvage que ses aînées que nous venons de décrire, la vallée de l'Eau d'Olle forme comme une transition entre les violents contrastes du Pelvoux et de l'Oisans proprement dit, et les paysages gracieux et pittoresques de la vallée du Graisivaudan et de la chaîne des Alpes Dauphinoises. Pour l'alpiniste elle sert surtout d'accès aux Grandes Rousses et à leurs plateaux débonnaires, aux Petites Rousses et à leurs lacs. Un de ses centres importants est le village d'Oz, au dessus du confluent du Flumet, habitat ordinaire des guides de la région. C'est de là que partent les caravanes qui vont coucher au Refuge de la Fare construit par la Société des Touristes du Dauphiné, à 2200 mètres environ d'altitude, point de départ obligé pour l'ascension de l'Etendard (3473 mètres) : c'était là qu'habitait et que dort de son dernier sommeil l'abbé Bayle, le grand explorateur de toute la chaîne des Rousses. La reconnaissance des

Restes du barrage du Plan d'Olle.

grimpeurs a donné son nom au pic Sud des Rousses qu'il fut le premier à gravir et qu'on appelle aujourd'hui le Pic Bayle (3473 mètres).

La construction de l'hôtel de la Pra a enlevé à la vallée d'Olle la plupart des ascensionnistes de Belledonne, mais le tracé du nouveau chemin des Sept-Laux par le Rivier d'Allemont va sans doute lui attribuer une partie du courant de touristes que monopolisait naguère la vallée de la Ferrière. Des montagnes aussi on peut dire : *Habent sua fata...*

Vallon de la Grand'Maison.

Le massif de la Meidje vu du Lautaret.

III

LES VALLÉES EXTÉRIEURES

*Vallée de la Guisanne. — La Vallouise et la Gyronde. — Le Valgaudemar
et la Séveraisse. — Le Valjouffrey et la Bonne.*

On a souvent comparé l'Oisans à un vaste cratère. Nous avons dit
du moins que ses montagnes formaient un cirque très développé et
jusqu'à présent nous nous sommes occupés de l'intérieur de ce cirque, en
parcourant les trois vallées qui l'occupent.

Pour compléter la description de cette région, il nous reste à jeter un coup d'œil sur les pentes extérieures du cratère, sur les flancs de ce cirque, au moins dans les parties qui peuvent y être raisonnablement rattachées.

En effet, la vallée de l'Eau d'Olle touche à celles du Graisivaudan et du Bréda que dépeint un volume consacré à Belledonne et aux Sept-Laux; la vallée de la Romanche est contigüe au Nord à la Maurienne qui ne

Route du Col du Galibier.

saurait rentrer dans le cadre de notre étude; mais de l'autre côté du Lautaret commence la vallée de la Guisanne; nous avons dit qu'au revers du Pelvoux s'étendait la région de la Vallouise, et la vallée du Vénéon a pour voisines au Sud et à l'Ouest les vallées du Valgaudemar et du Valjouffrey. Nous allons dans ces pays, dont le pittoresque et la grandeur ne le cèdent guère à l'Oisans proprement dit, chercher encore quelques-uns de ces prestigieux tableaux de haute montagne que notre but est de dérouler sous les yeux du lecteur.

VALLÉE DE LA GUISANNE

C'est la moins développée, la moins intéressante de toutes, et si ce n'étaient les souvenirs anciens de la voie romaine, si elle n'était l'accès du col renommé du Galibier, nous nous serions contentés de lui donner une simple mention.

A quelques mètres au Sud du col et de l'hospice du Lautaret, une sorte de conque pierreuse recueille les eaux d'un petit glacier en voie de disparition accroché aux flancs de la montagne de Combeynot. Un peu plus bas, ces eaux forment déjà une cascade : c'est la Guisanne, qui va courir au Sud-Est dans un plissement bien ouvert et tristement dé- nudé jusqu'à Briançon où elle se jettera dans la Du- rance. La vieille route, vestige de la voie ro- maine, plon- geait brusque- ment du pla- teau du col et venait dans une sorte de cirque que tra- verse le tor- rent, passer

Près du Monétier.

au petit hameau de la Madeleine, où quelques maisons s'étaient groupées autour d'un ancien hospice.

La route actuelle fait à gauche un grand détour par lequel elle atteint bientôt le fond de la combe qui descend du Col du Galibier. Depuis une vingtaine d'années une route stratégique s'élève dans cette combe par une multitude de lacets, passe auprès des chalets de la Mandette, et par- venue à l'altitude de 2600 mètres environ s'engouffre dans un tunnel de 380 mètres de longueur pour ressortir sur le versant de la Maurienne dans l'une des combes supérieures de la vallée de Valloire. L'art de l'ingé- nieur a mis ainsi à profit la faible épaisseur de l'arête terminale pour dis- penser les transports et les voitures d'excursionnistes qui s'y pressent pen- dant la belle saison de gravir jusqu'au véritable Col du Galibier ouvert à 2658 mètres entre le Pic Blanc du Galibier et la Roche du Grand Galibier.

Eglise du Monétier

Connu depuis longues années, ce passage se trouve marqué sur une carte du Dauphiné de Tassin de 1637 sous le nom de Col de Labier, transformé depuis par des fautes de copie en Galubier et Col du Galibier. Ce col qui ouvre un passage facile entre les vallées briançonnaises et la Savoie, fournit sur les cimes et les glaciers du Pelvoux un panorama merveilleux dont les récits des premiers excursionnistes anglais relatent l'impression saisissante. De nos jours, indépendamment des services réguliers qui le traversent, le Col du Galibier est, par les temps découverts, la promenade favorite des estivants dans les hôtels du Lautaret.

La grande route se rapproche de la Guisanne et atteint le Lauzet (1687 mètres), pauvre village près duquel les habitants exploitent de mauvais gisements d'anthracite. Sur la rive droite, la base de Combeynot se tapisse de belles forêts de mélèzes, qui s'entrouvrent aux approches du bourg du Casset, pour laisser passer les flots bouillonnants du Petit Tabuc.

Vallée du Petit Tabuc.

A l'origine de la vallée de la Romanche, en parlant du Refuge de l'Alpe du Villard d'Arène, nous avons cité le beau Col d'Arsines ouvert dans les prairies à 2400 m. d'altitude, entre le relief de Combeynot et le massif du Pelvoux. Le versant méridional de ce col donne dans une vallée alpestre creusée par les écoulements des puissants glaciers d'Arsines et du Casset, accrochés aux flancs de l'imposante Montagne des Agneaux (3660 mètres). Cette vallée est celle du Petit Tabuc, fort curieuse avec son revêtement de mélèzes, qui vient rejoindre celle de la Guisanne au point où s'élève le village du Casset, groupé autour de son antique église.

A 3 kilomètres de là, on arrive au chef-lieu de la vallée de la Guisanne, au Monestier-de-Briançon ou Monétier-les-Bains (1493 mètres).

Nous savons que les origines de ce bourg sont fort anciennes, puisqu'il s'éleverait sur l'emplacement de l'ancien *Stabatio*, station de la voie romaine de l'Oisans. En tous cas, ce nom s'était perdu et l'agglomération avait sans doute été dispersée après la chûte de l'empire romain ; elle se reforma vers le IXᵉ ou le Xᵉ siècle autour d'un monastère qu'y fondèrent, vers cette époque, des religieux de l'ordre des Bénédictins, venus de la riche abbaye de la Novalaise. Ainsi que bien d'autres, ce village prit le nom du couvent, *Monasterium*, à l'ombre duquel il se créait, et pour le distinguer il fut nommé spécialement le Monestier-de-Briançon. Deux sources thermales qui jaillissent à quelques pas des maisons du

bourg ont paru susceptibles d'être utilisées pour certaines affections ; l'une d'elles, la Font Chaude a été captée et un petit établissement de bains a été aménagé pour en faciliter les services. Cette organisation a été le prétexte du changement de nom récemment imposé au bourg, devenu le Monétier-les-Bains. On y visite une église du XVIᵉ siècle, et une chapelle ornée de fresques assez curieuses.

En face du Monétier s'ouvre une belle vallée latérale, celle du Tabuc, qui conduit en Vallouise par le col des Grangettes, et même, avec une légère inflexion, par le col renommé de l'Echauda. Elle descend, elle aussi, de la Montagne des Agneaux et du Massif de Séguret-Foran, amenant à la Guisanne les eaux du glacier du Monestier.

En aval du Monétier la vallée de la Guisanne, du reste de moins en moins pittoresque, fait trop intimément partie du Briançonnais

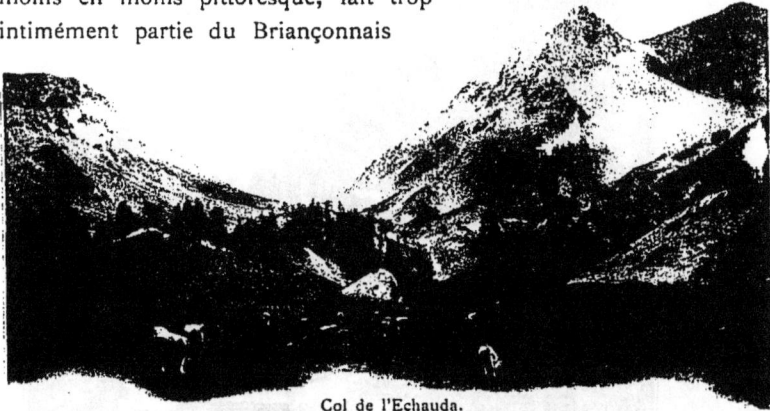

Col de l'Echauda.

pour que nous puissions la comprendre dans les vallées extérieures de l'Oisans.

VALLÉE DE VALLOUISE

D'une importance égale à celle du Vénéon, la magnifique vallée de Vallouise peut se targuer de posséder exclusivement le point culminant de la Barre des Escrins.

Nous avons vu ci-dessus, en effet, que la cime la plus élevée de la chaîne d'entre Oisans et Vallouise, d'entre Romanche et Durance, était le renflement spécialement appelé Pic Lory et coté 4083 mètres.

En ce point un chaînon s'imbrique à angle droit sur la ligne de partage des eaux, et se dirige à l'Est, se relevant, jusqu'au sommet de la

Paroi méridionale des Escrins et Col des Avalanches.

Barre des Ecrins (4103 mètres) pour former ensuite les dentelures aigües de la Barre Noire (3800 mètres) et les clochetons de la Grande Sagne (3779 mètres) qui s'avancent comme un coin dans la nappe du Glacier

Blanc et poussent même des contreforts jusqu'à son confluent avec le Glacier Noir.

Dans l'angle Nord compris entre c̣ ḥaînon et la chaîne principale qui vient de la Roche Fau-ıo, les neiges qui tapissent la redoutable pente septentrionale des Escrins s'abaissent et s'entassent ; elles viennent former le magnifique Glacier Blanc, étincelante vallée de glaces, enserrée entre le chaînon des Escrins, celui de Roche Faurio et la Montagne des Agneaux. Puis ces flots pétrifiés terminent leur carrière lente et maj̣ ṇar une des plus remarquables cascades

Crevasse du Glacier Noir.

Entrée du Pré de Mme Carle.

de séracs qui se puissent signaler dans les Alpes.

Au Sud de ce chaînon, une dépression plus large et plus profonde, limitée par l'énorme masse de l'Aléfroide et du Pelvoux, donne asile au

Glacier Noir qui, recouvert et presque caché sous les blocs éboulés des sombres murailles qui l'entourent, vient, ou plutôt venait jadis, opérer sa jonction avec les séracs du Glacier Blanc à l'amont du Pré de Mme Carle.

Ces deux fleuves de glaces sont les sources du cours d'eau qui arrose la Vallouise.

De leurs fronts s'écoulent de véritables torrents qui se rejoignent dans un paysage d'une majestueuse désolation. A l'altitude approximative de 1850 mètres, une plaine étroite et allongée, comprimée entre le contrefort du Pelvoux qui porte les petits glaciers de la Momie et des Violettes, et les pentes du Pic de Dourmillouze, est absolument recouverte de déjections morainiques. Quelques pieds de mélèzes, vestiges d'une ancienne végétation détruite par les avalanches, subsistent seuls vers le milieu de ce plateau ; tout le reste n'est qu'un plateau de pierres. C'est le Pré de Mme Carle.

Quelle est l'origine de ce nom étrange? D'aucuns prétendent qu'avant les cataclysmes qui l'ont ruiné, ce plateau était un riche pâturage qui appartenait à la femme de Geoffroy Carle, président du Parlement du Dauphiné, et qu'il aurait tiré son nom de cette possession. Sans discuter cette explication ingénieuse, constatons que ce bassin, qui présente tous les caractères d'un ancien lac morainique, est la naissance

Refuge Cézanne et séracs du Glacier Blanc.

Barrage du Pré de Mme Carle.

de la Vallouise. Le Club Alpin y a construit un chalet, le Refuge Cézanne, que, deux fois déjà, les avalanches ont emporté, et dont le troisième avatar s'abrite maintenant sous le bosquet de mélèzes, dernier témoin de l'antique végétation. Cette retraite, précieuse pour le long trajet du Col de la Temple, n'était point encore suffisamment élevée pour les ascensions de la Barre des Escrins et de ses voisines. Aussi un autre refuge est-il venu s'implanter vers l'extrémité inférieure du Glacier Blanc, tout à côté de sa belle cascade de séracs, auprès d'une grosse pierre dont l'auvent avait servi d'abri à M. le professeur Tuckett, le premier explorateur de ce monde polaire : en souvenir de ce pionnier de l'alpinisme, le refuge a pris le nom de Refuge Tuckett.

Au-dessous du Pré de Mme Carle commence un vallon qui n'est autre que la moraine frontale des deux glaciers anciennement réunis. Son sol

Le Pelvoux vu du Refuge Tuckett.

de blocs, d'éboulis et de boues glaciaires, a été heureusement soudé et

recouvert par l'œuvre bienfai-
sante de la végétation, et les
sapins, les mélèzes, les bouleaux, poussant leurs racines
aux interstices de la pierre, al-
ternent çà et là avec de riantes
clairières et donnent un aspect
reposant à l'ancien vallon des
Verges, dit aujourd'hui le vallon de Saint-Pierre. Courant

Chalet de l'Aléfroide.

toujours au Sud-Est, il contourne la base des grandioses escarpements
du Pelvoux, puis il débouche dans la plaine de
l'Aléfroide (1500 mètres environ d'altitude).

Nous trouvons encore ici un de ces bassins lacustres, si fréquents dans la montagne
granitique, vestiges des moyens qu'a mis en
œuvre la nature pour humaniser les reliefs
primitifs. Retenues par un barrage morainique dans la gorge d'aval, les
eaux du torrent de Saint-
Pierre, unies à celles qui
leur arrivent ici du vallon
de la Celse-Nière, for-
maient aux âges géologi-
ques un lac dont leurs
apports incessants ont
comblé la profondeur et
nivelé le plafond.

Quand le barrage
a cédé et que l'étang
s'est asséché, la terre
s'est trouvée toute
préparée pour four-
nir un fertile pâturage,
une *lex* ou *lée*, que sa po-

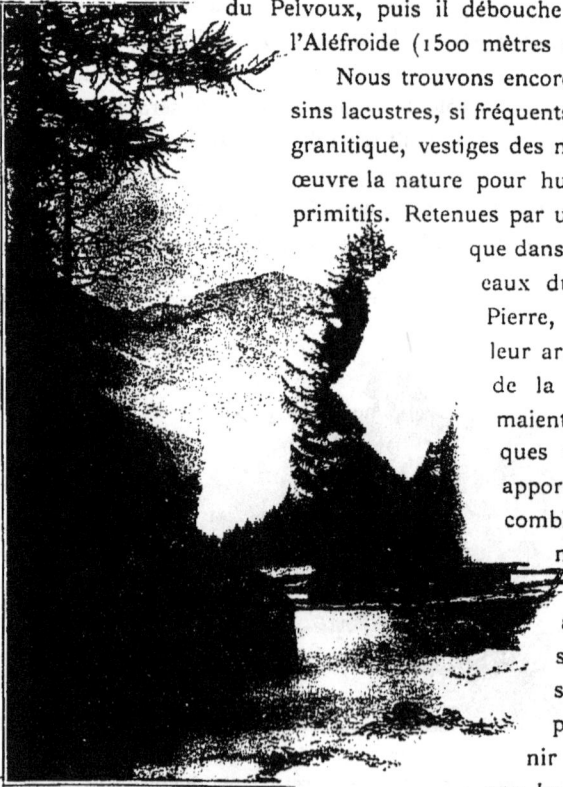

Près de l'Aléfroide.

Chapelle et Chalet-Hôtel de l'Aléfroide.

sition entre de hautes murailles d'où le soleil lui arrive rarement a fait appeler *la lée froide.* Subissant tous les caprices d'orthographe que l'imagination peut lui infliger, ce vallon très anciennement connu, a été successivement dénommé Lallefroide, Valfroide, Vallée froide, l'Alefroide, l'Alefrède, et même l'Alfred, jusqu'à ce que les officiers de l'Etat-Major l'aient baptisé l'Ailefroide, nom qu'ils ont étendu à la haute cime qui sert d'attache au chaînon du Pelvoux. Aujourd'hui dans le vallon de l'Aléfroide, merveilleusement campé au pied du Pelvoux, s'élèvent au milieu des anciens et pittoresques chalets utilisés pour la récolte du foin, une petite chapelle et une hôtellerie de montagne dues à l'initiative privée. C'est bien là un site à la fois des plus calmes et des plus grandioses, tout-à-fait propre au délassement de vacances si nécessaire aux cerveaux surmenés de notre époque, et l'hospitalité simple et suffisamment confortable que l'on y trouve est appréciée chaque année par un groupe de plus en plus important de touristes.

En montant à l'Aléfroide.

Sans dépouiller le caractère de grandeur que nous lui avons reconnu dans sa partie supérieure, la Vallouise devient maintenant plus riante et plus belle, et la gorge pittoresque où bondit le torrent de l'Aléfroide, toute revêtue de la gracieuse verdure des mélèzes, présente un spectacle enchanteur.

La direction de la vallée s'est modifiée depuis l'Aléfroide, elle s'incline plus franchement à l'Est et à la chûte du jour quand les rayons du soleil couchant viennent incendier les ramures aux tons clairs, quand elles se détachent vigoureuse-

ment sur les murailles du Pelvoux déjà plongées dans l'ombre, quand la mousse assourdit les pas, et que l'oreille est seulement bercée par le murmure étouffé des eaux se jouant dans l'abîme prochain, la montée au berceau de l'Àléfroide est une véritable griserie.

Saint-Antoine
en Vallouise.

A l'issue de la gorge qui se creusait entre les derniers prolongements de la crête des Bœufs Rouges et les contreforts du massif de Clouzis, le torrent attardé décrit une puissante cascade et atteint au village des Claux (1260 mètres) le niveau de la plaine, où le rejoint le torrent de l'Echauda, *(la lée chaude)*, descendu du vallon et du col de ce nom.

Nouvelle transformation ! c'est la rivière du Gyr qui promène ses eaux au milieu du riche et plantureux paysage de la Moyenne Vallouise. Des maisons larges, bien bâties, avec un vaste auvent dirigé au Midi, jaillissent çà et là des bosquets de noyers, et forment jusqu'au chef-lieu de la vallée, jusqu'à Ville-Vallouise, comme un chapelet ininterrompu de villages et de hameaux.

Une maison aux Claux-en-Vallouise.

Vallée des Claux en Vallouise.

Le chemin qui, aux Claux, est passé sur la rive gauche de la vallée, se transforme en route carrossable, traverse les villages de Saint-Antoine avec une curieuse chapelle, du Sarret, du Poët, où vient de s'ouvrir un nouvel hôtel, et par le faubourg de Rière-Pont, arrive enfin à Ville-Vallouise (1200 mètres environ d'altitude).

Le chef-lieu de la vallée, la ville, comme on dit en Vallouise, est une

Chapelle de Saint-Antoine.

bourgade riante, cossue, aux bâtisses solides et bien assises, dont les toits d'ardoises et les murs soigneusement blanchis respirent un air d'aisance. De grands progrès y ont été accomplis durant la seconde moitié du XIXme siècle, et l'on n'y trouve

Hôtel d'Ailefroide, au Poët.

10

presque plus de représentants de cette race abâtardie et disgraciée
que l'on appelait le ·rétins de Vallouise. La propreté et le ˘ort

Ville Vallouise et sa vallée.

ont arrêté la dégénérescence, et maintenant de nombreux étrangers
viennent dans deux hôtels modestes
respirer le grand air ; parfois même
ils louent des chambres chez les habitants.

Nous avons, dans notre premier

Ville Vallouise vue de Rière Pont

Hôtel des Ecrins.

chapitre, indiqué quelques épi-
sodes de la triste histoire des
Vaudois de Vallouise : mais en
dehors de ces tueries confession-

Une rue de Ville Vallouise.

nelles, l'histoire même de ce beau pays est assez mal connue. Aux plus anciens temps auxquels on puisse remonter (*Testament d'Abbon, 739*), on l'appelait *Vallis Gerentonica* ou *Gerentonna* sans doute, dit M. J. Roman dans son *Dictionnaire des Hautes Alpes*, du nom ·de la rivière (Gyronde) qui l'arrose. A la fin du XIIme siècle, on le désigne sous le nom de *Vallis Puta*, qui pendant quelques

Le départ des chèvres.

années alterne avec *Vallis Gerentonia*, puis l'emporte définitivement au XIIIme siècle.

Emprunté peut être à la dénomination de Puy appliquée à plusieurs de ses cimes, ce nom, employé comme une injure à l'égard des Vaudois qui habitaient le pays, fit place vers 1480 au nom de *Vallis Loysia* en l'honneur de Louis XI qui par lettres patentes de 1478 avait fait cesser, ou plu-

Au Sarret.

Place de Ville Vallouise.

La fontaine
de marbre rose.

tôt suspendu, les persécutions contre les Vaudois *(J. Roman, eod. loc.)*

La ville de Vallouise possède une ancienne église, du XVme siècle, avec un haut clocher, une serrure artistique en fer forgé et des fonts baptismaux curieusement sculptés. Elle est adossée à une colline rocailleuse assez déboisée, mais qui la protège efficacement contre les vents du Nord. Ses pentes sont le pâturage ordinaire des chèvres, et c'est un curieux spectacle de voir le matin le petit berger de la commune former son capricieux troupeau de toutes les bê- tes mutines qui sortent à son appel de leurs étables et viennent gambader sur la place, autour de la fontaine de granit rose.

Elle commande le confluent de deux vallées, celle du Gyr que nous venons de voir descendre des glaces des Escrins, et celle de l'Onde qui sur la droite arrive d'un vaste cirque glaciaire formé par les hautes crêtes des Bans, des Aupillous,   du Pic Jocelme, du Bonvoisin   et des Bouchiers.

Serrure de l'église de Ville-Vallouise.

Moins habitée à cause de son étranglement et de son exposition moins favorable, la vallée de l'Onde, généralement dite vallée d'Entraigues du nom de son principal village de chalets, Entraigues, ou Entre-les-Aigues (1610 mètres), découle de l'un des nœuds centraux du massif du Pelvoux, et communique avec le Valgaudemar par le col glacé du

Les Alberts en Vallouise.

Sellar (3067 mètres), et avec la vallée de la Bérarde par les cols encore plus difficiles des Bans et de la Pilatte (3400 mètres environ).

C'est à l'aval de ce confluent que la rivière prend le nom de Gyronde, comme formée des eaux du Gyr et de l'Onde, certains disent : du Gy et de la Ronde. Elle passe ensuite aux Vigneaux et vient à la Bessée se confondre avec la Durance, non loin des vestiges de l'ancienne Muraille des Vaudois.

Mais cette partie inférieure de la Vallouise qui en est maintenant l'accès ordinaire par la gare de la Bessée-l'Argentière, ne saurait rentrer dans le cadre de nos descriptions, non plus que la charmante terrasse de Puy Saint-Vincent, des Alberts et des Prés qui l'accompagne dans la plus grande partie de son parcours, et c'est au détour des Vigneaux, d'où apparaît à l'arrivant l'imposante silhouette du Grand Pelvoux de Vallouise, que nous arrêterons notre étude.

VALLÉE DE VALGAUDEMAR

C'est là la désignation habituelle, et nous avons tort de l'employer car c'est une tautologie, mais l'usage est si tyrannique qu'il est difficile de lui résister si l'on veut être compris. Disons donc plutôt : le Valgaudemar... est de toutes les vallées de nos montagnes la moins connue et la moins fréquentée ; l'accès en est si laborieux qu'il rebute les promeneurs, et jusqu'à ce que le chemin de fer de la Mure à Gap, depuis si longtemps étudié, promis, voire même concédé, soit venu ouvrir une gare à Saint-Firmin, les ascensionnistes seront seuls à en braver les lenteurs.

Il a en effet tout ce qu'il faut pour les attirer, et sa partie supérieure est entourée de hauts pics à l'instar de la Vallouise et de la vallée du Vénéon ; si les glaciers qui alimentent son cours d'eau principal, la Séveraisse, n'ont pas l'ampleur de ceux qui entourent la Bérarde, c'est qu'ils sont orientés au Sud, mais le paysage n'en est ni moins tourmenté, ni moins grandiose.

La Séveraisse, *Severesca* ou *Severiasca* d'après les anciens titres, se forme un peu en aval du Clot-en-Valgaudemar par la réunion des torrents de Beaumette descendu des crêtes du Says, du Gioberney, des Bans (3651 m.) et des Aupillous (3506 mètres) — et de Chabourneau écoulant tout un cirque de

Eglise de Saint-Firmin
en Valgaudemar.

petits glaciers suspendus entre le Jocelme (3507 mètres), le Bonvoisin (3560 mètres), le Pic Verdonne et le Sirac (3438 mètres).

Très analogue par sa situation à la Bérarde, point de départ pour les ascensions des cimes de premier ordre qui l'entourent, le Clot-en-Valgaudemar (1463 mètres) à six heures de marche de Saint-Firmin, a été pourvu depuis quelques années, par les soins du Club Alpin, d'un petit Refuge-hôtel, suffisant jusqu'à présent pour ses visiteurs. Il est hors de doute que si l'accès de cette vallée sauvage était amélioré, ses beautés grandioses y attireraient bien vite les grimpeurs, mais l'impossibilité d'en sortir autrement que par des cols de glaciers en écartera toujours la foule des touristes à la mode et des simples promeneurs.

Prenant sa course dans la direction de l'Ouest, la Séveraisse arrive bientôt au pittoresque village du Rif-du-Sap, plusieurs fois reproduit

La Chapelle en Valgaudemar, Combe-Froide et l'Olan.

par les peintres ; puis elle reçoit sur sa rive droite par la puissante cascade du Casset un important tribut descendu du glacier du Vallon et des pentes de la cime de ce nom.

La vallée s'élargit, le chemin muletier qui jusqu'à présent suivait assez capricieusement le cours du torrent, se transforme en route carrossable, et l'on arrive à l'une des principales localités de la vallée, la Chapelle en Valgaudemar (1050 mètres environ). La discordance des noms officiels et des noms usités est une des singularités de cette région. Le Clot faisait partie tout à l'heure de la commune de Guillaume-Peyrouze ; maintenant la Chapelle est le chef-lieu de la commune de Clémence d'Ambel. Quant au nom même de la vallée, écrit tantôt

Valgaudemar et tantôt Valgodemar, il n'a pas d'origine bien certaine et les recherches les plus sérieuses (*Notes sur le Valgaudemar*, par M. Maurice Paillon) en arrivent à le faire dériver du nom patronymique d'un ancien seigneur qui pouvait être Godemar aussi bien que Gaudemar.

Le village de la Chapelle, autrefois le Château de Valgaudemar (la commune tout entière n'a que 307 habitants), est divisé par le ruisseau de Navette en deux parties, Chaussendent et la

Cascade de Combe Froide.

Chapelle proprement dite. Doué d'un bon petit hôtel de montagne, il sert de point de départ pour les excursions dans le massif de Parières, d'où descend le ruisseau de Navettes, et surtout pour l'ascension de l'Olan (3578 mètres) l'un des géants du massif du Pelvoux qui le domine au Nord.

Pas commode d'ailleurs le vieil Olan, malgré son altitude relativement modeste (quarante-quatrième rang) parmi ces monarques ! Les parois grandioses, mais superbement abruptes, dont il domine les vallons qui l'entourent, lui avaient valu un renom incontesté d'inaccessibilité quand, le 5 juillet 1875, deux alpinistes anglais, MM. Cust et Pendlebury, vinrent pour lui donner l'assaut par le versant de la Lavey. Repoussés, ils se rabattirent sur la Chapelle en Valgaudemar, et ayant passé la nuit dans une hutte des bergers de la Combe Froide, ils se mettaient en campagne le 8 aux

A la Chapelle en Valgaudemar.

premières lueurs de l'aube. Après d'horribles moraines et une petite traversée de glacier, ils se trouvèrent aux prises avec des rochers dont la difficulté « excédait quoi que ce soit sur le côté méridional du Cervin. » Ils arrivèrent cependant à l'arête, mais comme elle était fragmentée par de formidables coupures, M. Cust dut rester dans l'une d'elles, tandis que M. Pendlebury arrivait seul avec les deux guides, les frères Spechtenhauser, à la cime désirée. Depuis, M. le Rév. Coodlige, M. Verne *(La vérité sur l'Olan)*, etc., ont fait con-naître la constitution de cette montagne qui présente trois sommets (3578, 3574 et 3510 mètres); M. Cust a même pris une magnifique revanche en réussissant, le 5 août 1880, la pre-mière ascension par la Lavey de la montagne rebelle, et M. J. Maître l'a traversée en col le 16 juillet 1887, mais l'Olan n'en est pas moins demeuré une des ascensions les plus méritoires et les plus rarement faites de la couronne du Pelvoux.

Aux Andrieux, dans un site assez resserré ([1]) entre les contre-forts inférieurs de la Crête de Colomp, avant coureur du Pic de Turbat au Nord, et les rochers de Pétarel au Sud, la route franchit la Séveraisse, et continue de la suivre sur sa rive droite. Au bout d'une courte plaine elle trouve le petit village de Villard Loubière à l'orée d'un vallon latéral plus important qu'il ne paraît au premier abord. Le torrent qui en

([1]) La proximité de la vallée des hautes murailles de Pétarel, fait que pendant l'hiver le soleil n'arrive pas aux Andrieux. Un ancien préfet des Hautes Alpes, M. Ladoucette, dans un ouvrage qu'on ne saurait accepter sans critique *(Histoire, topographie, antiquités, usages et dialectes des Hautes Alpes)*, nous a conservé l'amusant récit de la *Fête du Retour du Soleil*. Ce serait le 10 février que se célébreraient ces réjouissances, principalement marquées par une farandole où chacun serait porteur d'une omelette.

Inutile de dire que cet usage original, s'il a réellement existé, s'est perdu depuis longtemps.

sort, s'échappant d'un défilé étroit et profond, descend d'un cirque
supérieur assez vaste englobé entre la Tête du Clotonnet, le Pic des
Souffles et le Pic de Turbat. Là haut, au sommet de la muraille qui
l'enserre sur sa rive droite, on aperçoit les maisons blanches du hameau
des Peines (1374 mètres) bien nommé, semble-t-il, rien qu'à voir les
multiples lacets du sentier qui y grimpe. Un chemin non moins
pénible, mais assez fréquenté par les robustes montagnards, s'élève au-
dessus des Peines, contourne l'un des flancs du cirque supérieur et vient
par le col de la Vaurze communiquer avec le Désert en Valjouffrey.

Ruines du Château des Diguières.

La Séveraisse maintenant s'infléchit au Sud-Ouest et la vallée s'ouvre devant elle de plus en plus large, de plus en plus riante et cultivée.
Chacune des rives de ce bas Valgaudemar est sillonnée d'une route, les
hameaux se multiplient, cachés dans les vergers, les maisons prennent
cette apparence aisée et large que nous signalions naguère en Vallouise,
et l'on sent que la vie est ici plus facile qu'au Clot ou qu'au Rif-
du-Sap. On y sacrifie même volontiers à un certain luxe car nombre
de maisons ont leur façade ornée de cadrans solaires accompagnés
d'inscriptions.

Drainant le versant septentrional des pics et des rochers de Chaillol,
le gracieux vallon de Prentiq apporte à la Séveraisse le tribut de ses
eaux, et bientôt on aperçoit sur la droite le gros bourg de Saint-Firmin,
chef lieu de canton et capitale du Valgaudemar.

C'est ici que se termine notre vallée dont la rivière va se perdre dans
le Drac en face d'un humble village, les Diguières, dominé par les

ruines d'un vieux château. Deux tours ventrues se distinguent encore de loin, mais la curiosité s'y attache plus volontiers quand on songe que ce fut là le berceau du fameux connétable de Lesdiguières. Partir de ce recoin ignoré des Alpes et arriver à la vice-royauté du Dauphiné, finir dans le somptueux château de Vizille, c'est bien là une destinée comparable à celle des torrents de nos montagnes qui naissent dans un fond de vallée, s'enflent, grandissent, renversent avec un bruit étourdissant les obstacles qui s'opposent à leur course, ravagent et dévastent les vallées, puis apaisés par leurs fureurs, assagis et repus, fertilisent et arrosent les riches campagnes au milieu desquelles se termine leur carrière.

Au moment de rejoindre le Drac, la Séveraisse passe sous le pont de la Trinité. Une vieille légende, conservée pieusement par l'*Histoire des Hautes Alpes* de Ladoucette, veut que jadis sur ce pont se soit élevé un oratoire dont le tableau d'autel représentait une Annonciation, avec ces mots de l'ange à la Vierge: «*Gaude Maria*», et que cette sorte d'enseigne à l'entrée de la vallée ait été l'origine de son nom, *Vallis Gaude Maria*. Quoique réléguée par la sévère cri-

Chapelle à la Chalp, en Valjouffrey.

tique dans le domaine des vieilles fables avouons que cette étymologie mystique était gracieuse, et payons en passant un tribut de regrets aux vieilles croyances de nos pères, souvent plus consolantes que la trop sèche vérité.

VALLÉE DU VALJOUFFREY

Encore un val! encore un large et profond sillon creusé aux flancs de notre massif du Pelvoux.

Celui-ci commence au Pic même de l'Olan, qui se trouve ainsi à

Bas Valjouffrey, vu d'amont.

cheval sur les trois vallées de la Lavey, du Valgaudemar et du Valjouffrey.

Ce val n'est d'abord qu'une gorge rocailleuse, courant dans la direction du Nord-Ouest et à laquelle le magnifique décor des murailles de l'Olan striées de neige donne un aspect de grandeur incomparable. Du fond même de la gorge, où la Bonne, née des cascatelles qui sillonnent le mur terminal, s'accroît peu à peu de ruisselets et de torrenticules dégringolant de chaque brèche, on n'aperçoit que par de rares ouvertures les fiers sommets qu'elle côtoie. Le caractère seul du paysage vous fait sentir que vous vous trouvez dans une ride de la très haute montagne, comprise entre le Pic de Turbat et le Pic des Souffles au Sud, et quelques-uns des géants glacés de la couronne du Pelvoux, l'Aiguille d'Olan, l'Aiguille Rousse, l'Aiguille des Arias, etc., au Nord.

Désert en Valjouffrey et Pointe Maximin.

Mais au fur et à mesure que la dépression se prononce, les premiers plans s'écartent, et lorsque l'on arrive à Fond Turbat, aux chalets qu'habitent pendant la saison d'été les bergers de Provence qui y font paître leurs troupeaux, les parois des Berches et de la Haute Pisse viennent compléter le tableau que nous offrait dès l'abord la Grande Muraille de l'Olan.

La vallée maintenant s'incline au Sud-Ouest et s'humanise. Des broussailles, des bosquets de bouleaux commencent à témoigner de la possibilité d'une végétation arborescente, et au pied de la Roche, la prudence des hommes, dont le domaine s'annonce, a fait à la Bonne déjà forte un emprunt pour arroser les terres des Dé-serts par le canal des Char-mettes.

Dans un bassin plat, étroit et allongé comme tous les anciens bassins lacustres

Moulin des Faures.

qui avaient survécu au retrait des grands glaciers, le Désert en Valjouf-frey est la première agglomération qui frappe les yeux. On est encore à près de 1300 mètres d'altitude, mais deux petits vallons convergents

La Chapelle en Valjouffrey.

élargissent l'horizon, et dans la belle saison le hameau des Déserts, avec son antique au-berge, voit bien de temps en temps arriver quelques cara-vanes de touristes en mar-che vers l'Aiguille des Mar-mes, naguère indomptée, le Pic des Souffles ou même l'Olan. Le site en lui-même est très pittoresque, mais la longueur de l'accès et l'in-confort de l'auberge en ont jusqu'à présent éloigné les estivants.

Au sortir de la plaine des Déserts, nouvel étranglement dans lequel de bruyants rapides abaissent la Bonne de près de 200 mètres, mais on rentre bien vite dans les cultures, et dès lors les villages se suivent dans un cadre encore sévère mais très verdoyant. La route qui a commencé aux Déserts traverse la Bonne pour passer aux villages des Clarets et des Faures, puis elle revient sur la rive droite pour atteindre la Chapelle en Valjouffrey (980 mètres), qui se cache dans ses noyers.

Le village de la Chapelle est bâti au confluent du Valjouffrey et du Valsenestre : le site, assez volontiers ensoleillé par cet élargissement de l'horizon, présente le gracieux tableau assez fréquent dans nos montagnes d'eaux vives et limpides se jouant au milieu des cultures et des vergers, avec un cadre imposant de belles forêts de sapins, dominées de ci, de là par une cime rocheuse ou par une échappée de glacier. Il est animé par de nombreuses scieries, et sa bonne auberge sert fréquemment de départ aux ascensionnistes. On y arrive souvent en descendant du fameux pélerinage de la Salette, et surtout par le Valsenestre on s'en évade vers les Cols de la Muzelle et du Lauvitel pour rejoindre la vallée de la Bérar-

A la Chapelle en Valjouffrey.

Le Béranger.

de. De tous les affluents qui viennent de droite et de gauche grossir le flot de la Bonne, le plus puissant est certainement cet impétueux torrent du Béranger qui écoule le cirque supérieur du Valsenestre. Ancien vestige de la langue latine implantée par l'occupation romaine, le Valsenestre (*Vallis sinistra*, la vallée de gauche en remontant la Bonne), s'il n'a rien de sinistre, ne présente de paysage curieux et pittoresque que dans le ressaut qui le sépare du plan de la vallée principale, et que la route gravit par un vaste lacet.

Le cirque supérieur, où vers 1300 mètres d'altitude se terrent les misérables maisons du pauvre village de Valsenestre, a un aspect assez désolé, et les pentes qui entourent ses maigres champs, rocailleuses et dévastées, cachent à peu près partout la poésie sauvage des grands sommets. Il faut s'avancer jusqu'à la partie supérieure de ce cirque pour voir, par la combe qui remonte au Col de la Muzelle, se profiler les murailles de la Roche de la Muzelle et les crêtes de la Pisse.

Etrange caprice de la nature ! Dans ce lieu sauvage et reculé, inexploitable à cause des difficultés d'accès et de transport, se trouve une magnifique carrière de marbre blanc statuaire, qui ne le cède en rien aux marbres si renommés de Carrare et de Paros. Quelle fortune ce serait si elle s'ouvrait à proximité d'un chemin de fer !

En aval de la Chapelle, la vallée qui court directement à l'Ouest devient moins intéressante. Plus élargie, entourée de contreforts boisés sans originalité, elle descend avec une pente insensible au milieu de nombreux hameaux, Gragnolet, le Villard, etc. Ses terres sont fertilisées par un canal d'arrosage qui, empruntant les eaux de la Bonne, les emmène sur sa rive gauche jusque dans le Beaumont, et la solidité de la route commence à accuser le mouvement des échanges.

Entraigues ! Ce n'est plus une vallée, c'est une véritable plaine qui s'étend au confluent de la Bonne et de la Malsanne. Le plantureux val du Périer, qui vient de longer la base des dernières cimes du massif du Pelvoux et descend du col d'Ornon, se confond ici avec le Valjouffrey, pour former la grande vallée du Valbonnais.

Plus fertile, plus riche, mais moins pittoresque, celui-ci devient le bassin inférieur de la Bonne, désormais véritable rivière, qui va bientôt en dessous de la ville de la Mure jeter ses eaux dans le Drac. Mais il ne peut plus appartenir aux vallées extérieures du Pelvoux, et c'est sur le site encore très intéressant d'Entraigues, bien nommé, et juché sur un promontoire pour se garer des fureurs de la Malsanne comme de la Bonne, que nous devons clore ces tableaux.

Nous avons ainsi esquissé à grands traits les vallées tant intérieures qu'extérieures du massif du Pelvoux, et nous allons maintenant nous occuper de jeter un coup d'œil rapide sur les sommets qui les séparent.

Sommet des Escrins.

IV

LES GRANDS PICS

Histoire de leur découverte et de leurs ascensions. — A la Meidje. — Ascension et traversée des arêtes.

Nous avons dit que le point culminant du massif du Pelvoux et de tout ce relief central que l'on peut comprendre sous le nom d'Oisans était la Barre des Escrins. Mais ce sommet de 4103 mètres est si bien entouré de satellites de haute importance qu'on ne l'aperçoit pas des vallées voisines; il n'y a même qu'un très court trajet de la route du Lautaret d'où il puisse frapper les regards. Il n'est donc pas étonnant qu'il soit demeuré très longtemps ignoré.

Au contraire deux des cimes qui ne lui cèdent en hauteur que de quelques mètres se trouvaient placées de façon à attirer vivement l'attention des voyageurs sur les deux routes les plus fréquentées de nos montagnes.

Sur la grande voie du Mont Genèvre, pendant un long parcours

L'OISANS

PHOTOTYPE S.A.D.A.G., GENÈVE

LA BARRE DES ESCRINS

Vue du Glacier de Bonne-Pierre

Jean-Baptiste Rodier.

Gaspard fils.

avant la Bessée, on voit se dresser, dominant de sa masse imposante tous les contreforts d'alentour, une haute roche noire, toujours striée de neige. Sous cet aspect, elle paraît affecter la forme un peu arrondie des tas de foins, dits pelves dans le pays, et elle en avait reçu le nom de Grand Pelvoux de Vallouise.

D'autre part, la route du Lautaret se déroule depuis le Dauphin jusqu'au Col lui-même en présence d'une fière pointe qui apparaît d'abord semblable à un clocher, s'allonge ensuite en muraille aérienne, et se montre enfin comme l'extrémité d'un toit fuyant à l'horizon. Le point d'où on la contemple le mieux est la Grave, et les habitants la trouvant au Sud de leur demeure, l'avaient appelée l'Aiguille du Midi, en patois

Louis Faure.

Hippolyte Rodier.

l'Œuille de la Meidjour, et par abréviation la Meidjo, la Meidje.

Mais les parois abruptes de cette cime, où la neige elle-même ne pouvait tenir, la faisaient passer pour inaccessible. Les montagnards n'osaient pas en approcher. Aussi lorsqu'on reconnut, pour les travaux de topographie de la carte de l'Etat-Major, la nécessité de faire des observations d'un point très élevé du massif, l'apparence moins rébarbative du Pelvoux fit pencher la balance en sa faveur, et ce fut vers lui que se dirigea le capitaine Durand à qui ces travaux étaient confiés.

Ce ne fut d'ailleurs pas chose facile que d'en organiser l'ascension.

Le Pelvoux, vu des Clots.

D'après les notes laissées par cet officier, notes que M. le lieutenant-colonel Arvers a publiées en 1887, il mit vingt heures de Ville-Vallouise au sommet rocheux, haut de 3937 m. 59, sur lequel il érigea un signal (6 août 1830) et une tempête de neige le força à y demeurer trois jours. Ces notes qui indiquent avec précision son itinéraire, par le Soleillas, pâturage des bergers de Provence, le glacier du Clot de l'Homme et les

Rochers Rouges, ne font pas connaître l'examen qu'il dut faire de l'horizon et les impressions que lui suggéra le panorama de cette cime. (*Annuaire du Club Alpin Français, 14me année, 1887*).

On voit d'ailleurs que cette ascension avait été inspirée par la science et non par l'amour des montagnes. Il fallut attendre encore dix-huit ans pour que celui-ci commençât à se faire entendre. En 1848, un professeur à la Faculté des sciences de Besançon, depuis membre de l'Institut, M. Victor Puiseux, faisait à travers nos montagnes un voyage botanique, en compagnie de son collègue M. le docteur Grenier. Arrivé à Ville-Vallouise, il entendit parler de l'ascension du capitaine Durand, qui commençait déjà à entrer dans le domaine de la légende. Ayant retrouvé l'un des guides de la première expédition, Pierre Antoine Barnéoud, il fit seul avec lui l'escalade le 9 août 1848, et voyant du signal un sommet neigeux prochain un peu supérieur, il s'y rendit, atteignant ainsi le premier le point culminant du Pelvoux (3954 mètres). Dans la lettre qu'il adressait le 28 janvier 1877 à M. Paul Guillemin et que celui-ci a publiée en 1898 dans les *Annales des Alpes*, M. Puiseux mentionne qu'il remarqua au Nord-Ouest, à quelques kilomètres, une autre cime plus élevée que l'on appelait encore le Pelvoux; Barnéoud lui dit que le capitaine l'avait bien vue, lui aussi, et qu'il avait regretté de n'en avoir pas tenté l'ascension; c'est, à notre connaissance, avec les notes d'Elie de Beaumont (1834), la première manifestation de l'existence de la Barre des Escrins.

La seule vue de la Meidje suffisant à décourager les touristes, lorsque les grimpeurs anglais, formés à l'école des grands pics de la Suisse, commencèrent à aborder notre massif, ce fut encore le Pelvoux qui fut l'objet de leurs premiers efforts, et le 6 août 1861 MM. Edouard Whymper et R. J. S. Macdonald en firent

Ancien Refuge Puiseux.

Face Nord des Escrins.

la troisième ascension avec un français, M. Jean Reynaud. Cette fois, la cime prochaine et plus élevée, qu'on leur désignait sous les noms de Pointe des Arsines ou de Barre des Escrins, attira sérieusement leur attention, et ils projetèrent d'en faire la conquête. Elle faillit bien leur être ravie, car l'année suivante, un autre alpiniste anglais, M. F. F. Tuckett, attaquait directement la cime entrevue par ses devanciers, et lui donnait, les 12 et 16 juillet, deux assauts infructueux. Quelques jours plus tard, le 26 août 1862, deux autres concurrents, MM. T. G. Bonney et W. Mathews, étaient aussi repoussés.

Revenu en Oisans en 1864, avec deux nouveaux compagnons, MM. A. W. Moore et H. Walker, et sous la conduite du meilleur guide de l'époque Michel Croz, M. Whymper, arrivant de Maurienne par l'Aiguille de la Saussaz, fut frappé par la grandiose vision des dentelures de la Meidje et céda

Glacier Noir.

Les arêtes du Pelvoux

un instant à leur attraction. Le 23 juin, il faisait de la Grave la première ascension et le premier passage de la Brèche de la Meidje

La Meidje vue des Terrasses.

à la base occidentale de l'aiguille, mais après un examen attentif toute la caravane concluait à son inaccessibilité. Dès lors, sans se laisser distraire par une autre entreprise, M. Whymper emmenait ses compagnons à l'assaut de la mystérieuse Barre des Escrins, et le 25 juin, après des difficultés et des dangers éloquemment décrits dans ses *Escalades dans les Alpes*, l'audacieux grimpeur réussissait à soumettre le géant. Si longtemps insoupçonnés, les Escrins avaient donc été bien vite reconnus et domptés, tandis que l'Aiguille du Midy de la Grave, déjà consignée en 1758 sur la carte géométrique du Haut Dauphiné de M. de Bourcet, n'avait encore reçu aucune atteinte.

En 1866 paraissait la feuille de Briançon de l'Etat Major français, qui, malgré les erreurs de détail ultérieurement signalées par l'usage, n'en constituait pas moins un guide précieux. Dès lors mis à la portée de l'examen de tout le monde, l'Oisans fut bien vite sillonné de voyageurs, ses vallons les plus reculés furent parcourus, et ses sommets escaladés les uns après les autres.

La plus haute pointe des Grandes Rousses, appelée le Grand Costa Blanc dans la vallée d'Arves, et l'Etendard en Oisans, avait déjà succombé en 1863. La cime de l'Aléfroide (3959 mètres), la troisième en hauteur des crêtes du massif, était gravie en 1870; le sommet des Rouïes, ce superbe éventail de glaces, analogue aux Escrins, était atteint en 1873; la même année voyait la défaite du Rateau (3754 mètres), de la Roche-

Faurio (3716 mètres), de la Montagne des Agneaux (3660 mètres), de la Grande Ruine (3754 mètres). En 1874, M. Coolidge faisait la première ascension de l'Aiguille Centrale d'Arves (3509 mètres), celle du Pic de la Grave (3673 mètres), et en 1875, celle de la Roche de la Muzelle (3459 mètres), tandis que la même année le Pic d'Olan (3574 mètres) était escaladé par M. Pendlebury. — M. Cordier arrivait en 1876 au sommet de l'Aiguille du Plat de la Selle (3602 mètres).

La Meidje Centrale.

Mais la Meidje, la première cime connue, la plus convoitée, se dérobait toujours au pied de l'homme.

Nous avons vu qu'elle avait été d'abord sauvegardée par son aspect indomptable et par une réputation bien établie d'inaccessibilité. Cette réputation avait pourtant failli succomber au premier assaut. D'un seul élan, Miss Brevoort et M. W. A. B. Coolidge étaient parvenus, le 28 juin 1870, au sommet du Pic Central de la Meidje (3970 mètres). Mais là ils avaient reconnu qu'une autre pointe de la même montagne, plus à l'Ouest, était plus élevée que leur conquête, et leurs efforts pour la soumettre à son tour étaient demeurés infructueux. Dès lors toute l'attention s'était portée sur cette pointe récalcitrante dont l'altitude était mesurée à 3987 mètres. Dans le monde alpiniste on ne parlait plus que de cette Meidje inaccessible, de ce Cervin dauphinois, et ce fut pendant six ans une innombrable série de tentatives, renouvelées par l'élite des grimpeurs. Toutes les arêtes, toutes les faces susceptibles d'amener au sommet, furent successivement mises à contribution, et l'on échoua aussi bien par

la Brèche ou par le versant des Etançons que par les arêtes ou par les
Corridors. Cependant, chose curieuse, la plupart des impressions rap-
portées par les assaillants malheureux ne concluaient pas à une impossibilité : tous indiquaient que les intempéries, le froid, l'état de la neige, le
manque de temps, etc., les avaient empêchés de faire l'effort suprême qui
leur aurait sans doute livré le succès. Un seul, qui avait à plusieurs
reprises exploré le versant des Etançons, fut plus affirmatif : l'ascension
était franchement impossible, et bien que les années amènent souvent des
modifications dans la haute région montagneuse, plusieurs siècles se
passeraient sans qu'on put dépasser le point où il avait construit une
pyramide. *(Bulletin du Club Alpin Français, 1876).*

C'était le chant du cygne de la fière pointe. L'année suivante elle
était escaladée, le 16 août 1877, par M. Emmanuel Boileau de Castelnau,
s'élevant précisément par ce versant des Etançons, au-dessus de la pyramide Duhamel.

Dès lors la grande attraction qui avait pendant quelques années fixé
sur notre Oisans l'attention du monde alpiniste s'évanouissait, et la conquête de ses derniers pics vierges, le Pic Coolidge (3756 mètres) en 1877,
le Pic des Arcas (3486 mètres), la Roche d'Alvau (3534 mètres), les Bans
(3651 mètres), même l'Aiguille méridionale d'Arves (3504 mètres)
en 1878, etc., s'acheva sans grand tapage.

Pourtant l'auréole qui avait pendant sept années brillé d'un si vif
éclat autour de la Meidje Occidentale ne pouvait entièrement
disparaître, et si l'ivresse du premier triomphe
ne se pouvait plus goûter, il y avait encore
la joie de la curiosité dans l'examen de ces rochers si longtemps inaccédés. Aussi la Meidje,
malgré ses difficultés de premier ordre, est-
elle le plus visité de tous les grands pics de
l'Oisans.

Pendant plusieurs années d'abord la fièvre d'initiative parut être calmée, et jusqu'en
1885 toutes les ascensions se firent avec de
minimes variantes par la voie qu'avait ouverte
M. de Castelnau sur la muraille des Etançons.

Mais en juillet 1885 arrivaient à la Grave des alpinistes autrichiens rompus à toutes les hardiesses par la fréquentation habituelle du célèbre massif des Dolomites. Les frères Emile et Otto Zsigmondy et M. Purtscheller apportaient de nouveaux engins pour les escalades, des crampons de fer qui allaient leur permettre des passages jusqu'alors infranchissables : ils avaient de plus les uns dans les autres cette admirable confiance qu'inspirent des compagnons d'une solidité dès longtemps éprouvée. Reprenant le chemin des premières tentatives, ils montaient le 26 juillet à la Meidje Centrale, puis suivaient avec un rare bonheur la terrible arête, et parvenaient par une véritable voltige à gravir le Pic Occidental ; la descente s'effectuait par le chemin jusqu'alors suivi de la muraille des Etançons, et ils réussissaient ainsi de la Grave à la Bérarde la première traversée des arêtes de la Meidje.

Malheureusement cet éclatant succès allait être obscurci par les larmes. Quelques jours après, le 6 août 1885, les frères Zsigmondy avec un alpiniste allemand, M. le professeur Schulz, cherchaient sur la Grande Muraille Méridionale un accès différent de celui de Castelnau, quand Emile Zsigmondy, perdant l'équilibre, tombait d'une hauteur formidable et allait se briser sur le glacier des Etançons.

Cette catastrophe retentissante n'enrayait pas la vogue de la grande Meidje, mais par une conséquence irréfléchie, elle détournait de la traversée des arêtes. Ce n'est qu'en 1891, le 13 juillet, que M. J. H. Gibson reprenait en sens inverse et avec le même bonheur la route tracée par les intrépides Autrichiens. Deux caravanes suivaient cet exemple l'année suivante et bientôt la traversée des arêtes, permettant de « faire la Meidje en col », devenait le trajet favori des ascensionnistes.

Ne pouvant, dans ces courtes pages, nous occuper avec une égale attention de tous nos grands pics, nous allons nous conformer à la mode et pour donner une idée de leurs ascensions, retracer rapidement la traversée des arêtes de la Meidje.

Faite à nombreuses reprises dans les deux sens, cette traversée est considérée comme plus facile en allant de la Bérarde à la Grave parce que le trajet au travers de la Grande Muraille en étant toujours la partie la plus difficile, on le fait ainsi en montant et au début de l'excursion, au lieu d'avoir à l'affronter en descente, au moment où la fatigue paralyse toujours plus ou moins les facultés.

L'OISANS

PHOTOTYPIE SADAG, GENÈVE

CLICHÉ CHARPENAY

EN MONTANT A LA BRÈCHE DE LA MEIDJE

On part donc de la Bérarde, et comme la
saison propice est assez courte, il est arrivé à
diverses reprises que plusieurs caravanes prenaient le même chemin à la suite les unes des
autres.

Au sortir de l'hôtel de la Bérarde, on suit
le chemin de la vallée des Etançons et par une
côte pierreuse, au haut de laquelle bifurque le
chemin de la Tête de la Maye, on gravit le ressaut qui sépare le plan principal du val des
Etançons du niveau du Vénéon. Arrivé à l'entrée de ce plateau, on voit immédiatement sur-
gir devant ses yeux cette imposante et noire
muraille que zèbrent le Glacier Carré et la Corniche Zsigmondy et que couronnent les dentelures de toute la chaîne des Meidje. Intéressant
pour tout le monde,
mais surtout pour celui

Dans la Grande Muraille.

qui va s'y aventurer, le tableau de la Grande
Muraille retient l'attention et permet de ne pas
trouver trop long le trajet de la vallée morainique. En deux heures de la Bérarde, on atteint
le seul replat gazonné du vallon, où s'élève
auprès d'une grosse pierre (2250 mètres) qui fut
jadis le seul abri des premiers ascensionnistes,
le Refuge du Chatelleret, édifié en 1882 par le
Club Alpin. Très goûté des ascensionnistes qui
montaient et descendaient par le même chemin, le Refuge du Chatelleret n'était plus à la
hauteur pour ceux qui, se proposant de faire la
traversée des arêtes, veulent pouvoir y consa-
crer le plus de temps possible. Ces dernières
années, ils allaient bivouaquer dans les Rochers
du Promontoire : en 1901, le Club Alpin y a
fait construire, à l'altitude approximative de

La chaîne de La Meidje.

3100 mètres, un nouveau Refuge qui est appelé à rendre les plus grands services.

Au delà du Chatelleret commence presqu'immédiatement la moraine

Dans la vallée des Etançons.

du Glacier des Etançons, sur l'arête de laquelle se dessine une trace. On s'élève ainsi rapidement, puis une petite traversée de glacier généralement recouvert de neige, et on touche enfin au pied de la Grande Muraille qui semble s'être constamment rapprochée durant ce trajet.

Ici la Meidje projette entre les deux bras du Glacier des Etançons un renflement rocheux qui semble un promontoire au sein de cette mer de glace. On lui en a donné le nom, et c'est là que commence la première partie de l'escalade.

Départ de la Bérarde.

Campement du Promontoire.

Trois heures en moyenne sont employées pour y arriver depuis le Refuge du Chatelleret : on est à peu près à 3100 mètres d'altitude, et les regards sont alternativement sollicités par les rugosités saillantes du Promontoire, et par l'aspect étrange de la vallée des Etançons qui semble fuir sous les yeux. C'est là que s'élève le nouveau Refuge, et c'est là qu'on passe la nuit d'ordinaire, dans la crainte anxieuse d'un changement de temps, car la moindre intempérie devient un grave danger sur la Meidje, et les souffrances de M. Leser en août 1882, la catastrophe de MM. Thorant et Payerne en 1896, sont de nature à préoccuper les plus braves.

Au matin, au petit jour, on commence l'escalade du Promontoire, et dès les premiers pas on y prend confiance dans le rocher de la Meidje, granit rugueux, aux prises solides et loyales. De cheminées en arêtes et d'arêtes en cheminées, on atteint, en une heure, vers le sommet du Promontoire, un replat, sorte de terrasse, appelé le Campement des Demoiselles, puis un grand couloir, le seul

Campement des Demoiselles.

endroit à peu près où la chûte des pierres
soit à craindre, amène, en une heure encore,
à la Pyramide Duhamel (3510 mètres). Il
reste moins de 500 mètres à gravir et l'on
voit à 200 mètres à
peine au-dessus de soi
scintiller les séracs du Glacier
Carré, mais on aborde maintenant la Grande Muraille et on
se demande vraiment comment
il sera possible de l'escalader.

C'est ici que la caravane Gardiner et
Pilkington qui faisait le 25 juillet 1879 la première ascension sans guides de la Meidje, attirée
par le mirage du Glacier Carré, prit à droite
pour l'atteindre et réussit grâce à une incon-
cevable énergie la terrible ascension de cette
paroi.

Le chemin, si chemin il y
a, incline au contraire à gauche,
et l'on progresse en s'*agrippant*
à des saillies minuscules. « L'ex-
« cellence de la roche et de ses
« prises, plutôt rares, mais
« d'une solidité parfaite, la har-
« diesse des formes, la profondeur des abîmes,
« l'élévation presque à la verticale, tout contribue
« à faire naître des impressions puissantes qui se
« transforment en une sorte d'enthousiasme. »
(Ofterdinger).

On passe ainsi au Campement Castelnau, au
Dos d'Ane, au fameux Pas du Chat, où le corps
à moitié dans le vide, on tourne au-dessus de la
Brêche de la Meidje, puis par une courte che-
minée on arrive au-dessus de la corniche du

La Grande Muraille.

Glacier Carré, où il faut se laisser dévaler par quelques dalles inclinées. Suivant l'état de la montagne, ce trajet demande de une heure à une heure et demie : sur la corniche, d'où l'on jouit déjà d'un panorama splendide, on reprend haleine, et on fait collation, puis la traversée du Glacier Carré, quoique fort incliné (50 à 52 degrés), s'enlève d'ordinaire sans peine, et l'on aborde les rochers plus faciles du pic termi-

Le Pas du Chat.

nal, tout auprès de la Brèche du Glacier Carré, col idéal ouvert entre la Grande Meidje et le Pic du Glacier Carré (3860 mètres).

Plus faciles sont en effet ces rochers jusqu'au fameux passage dit le Cheval Rouge ou le Chapeau du Capucin, qui arrêta si longtemps, à 30 mètres du sommet, les premiers ascensionnistes, et qui met toujours à une sérieuse épreuve les talents acrobatiques du guide de tête.

Une moyenne de six heures d'efforts continus conduit ainsi du Refuge du Promontoire au sommet du Pic Occidental de la Meidje (3987 mètres).

Le panorama de ce belvédère aérien est absolument

Halte au Glacier Carré.

extraordinaire. Le vide de toutes part pré-
cède des étendues de montagnes et de glaciers jusqu'à la limite de la vision : à l'Est
seulement on voit d'assez près la série de
dentelures qui précèdent la Meidje Centrale, formidable dalle inclinée sur l'abîme
des Etançons, et qui semble en équilibre
instable.

    Mais on a rarement le loisir de jouir à
son aise de ces visions fééfiques.

...Et monté sur le faîte, il aspire à descendre...

Quand ce n'est pas le vent, intoléra-
ble sur cet obélis-
que, ou la menace

Traversée du Glacier Carré.

d'un orage, l'anxiété de la descente s'impose à
tous les touristes un peu nerveux, et l'on attaque
bien vite le scabreux travail du retour.

    Quand on revenait sur ses pas, la descente
n'était qu'un jeu jusqu'à la corniche du Glacier
Carré, et l'œil s'était déjà habitué aux profon-
deurs quand on atteignait la Grande Muraille.
Mais pour celui qui entreprend la traversée des arêtes, les premiers pas
sont des plus

La Grande Muraille.

émouvants. La descente jusqu'à la Brèche Zsigmondy est presque verticale.
Dans l'*Annuaire du Club Alpin Français*, année 1896, le récit de M. Escudié
nous retrace toutes les angoisses que
subit une caravane atteinte par la tourmente sur les terribles arêtes. Ceux de
mes amis qui exécutaient cette traver-

Au Chapeau de Capucin.

sée le 8 août 1901 y furent enveloppés par le brouillard, et c'est certainement grâce à une tension spéciale qui double en pareil cas les
facultés corporelles, qu'ils durent d'exécuter sans encombre les invrai-

semblables manœuvres nécessaires : « Tantôt à cheval, tantôt à genoux,
« on escalade les blocs, on monte, on redescend ; l'arête n'a souvent pas
« plus de 40 à 5o centimètres de largeur. » (John Ofterdinger).

Il faut progresser ainsi jusqu'à la Meidje Centrale, et suivant l'état
de la montagne et de la température, il y a été mis de trois à sept heures.

A la Meidje Centrale, c'est un autre ordre de difficultés : il faut descendre, à force de marches taillées dans la glace, une pente de 70 à
72 degrés d'inclinaison, jusqu'à ce que l'on ait pu franchir la grande cre-

Crêtes de la Meidje.

vasse, la rimaye, qui sépare le pic du Glacier de Tabuchet. Quand on en
est là, les misères sont finies ; en traversant le plateau supérieur du glacier on rejoint le Rocher de l'Aigle (3445 mètres), et prenant le chemin
d'ascension du Bec de l'Homme (3457 mètres), on descend assez facilement en trois heures à la Grave.

On ne compte plus aujourd'hui les caravanes qui ont exécuté ce
trajet, tandis que celles qui l'ont fait en sens contraire sont encore en
nombre limité, et qu'il est arrivé à plus d'une, saisie par la nuit dans les
Rochers du Promontoire, d'être obligé d'y attendre inconfortablement le
jour.

La Meidje.

Ce n'est pas seulement affaire de mode : la traversée d'un pic avive les jouissances du véritable alpiniste, car il est toujours en éveil, et jusqu'à la fin de l'excursion ce sont toujours devant ses yeux de nouveaux tableaux, des spectacles inédits. On fait ainsi pour le Pelvoux, pour les Escrins, l'ascension par une face, la descente par une autre, et c'est tout joie quand le temps demeure au beau fixe pendant toute la promenade.

Mais à ces altitudes les revirements de temps sont prompts et fréquents et, pour les Escrins notamment, tout le monde ne saurait avoir l'extraordinaire endurance de M. Corrà qui, avec les guides Thérisod et Ricciardi, passa en 1892 trois jours et trois nuits dans la tourmente, sur la face Nord de la montagne.

Il ne faut jamais oublier que la prudence est aussi nécessaire à l'alpiniste que la force, la souplesse et l'agilité.

Sommet de la Meidje.

La Grande Muraille.

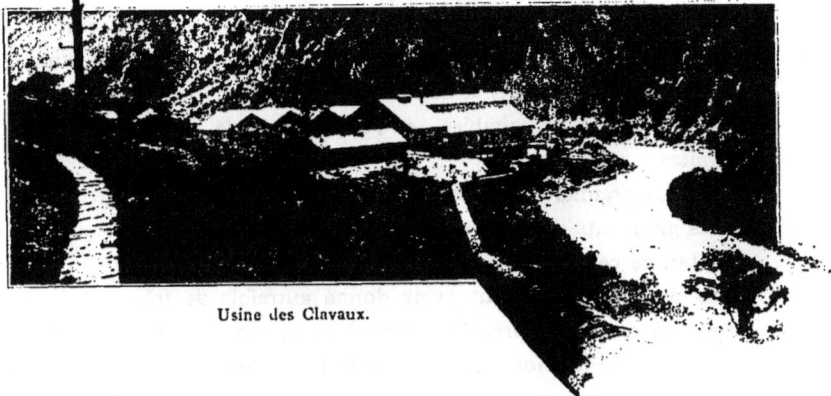

Usine des Clavaux.

V

PRODUCTIONS ET INDUSTRIES DE L'OISANS

Les industries nées de l'exploitation des montagnes. — Les mines.
Les plantes. — Les hôtels, les refuges, les guides. — Les chûtes d'eau et leur avenir.

Tout le monde ne considère pas les montagnes au seul point de vue du pittoresque. Cela c'est affaire à l'alpiniste. Mais le montagnard ne les voit qu'au point de vue utilitaire, et le génie souple de l'habitant de l'Oisans a su multiplier à l'infini les moyens d'en tirer profit.

Nous ne parlerons pas, bien entendu, de la culture qui se pratique avec une admirable ténacité et une parfaite entente du climat sur les moindres parcelles, ni de l'exploitation des forêts rendue presque nulle par les anciens et funestes déboisements. Rien à dire non plus des pâtu-rages que ruine cependant sur plusieurs points l'exagération du nombre des moutons transhumants.

La plus ancienne exploitation de la montagne elle-même fut, comme nous l'avons exposé dans notre historique, la recherche des mines. La constitution pétrographique de l'Oisans lui était à la fois favorable et décevante. Favorable, parce que les bouleversements qu'elles ont subis

ont fait des montagnes de l'Oisans la plus riche collection de minérais
divers ; décevante parce que ces bouleversements mêmes font que les
filons métallifères n'y ont généralement ni suite ni épaisseur. Que l'on
ajoute à cette condition fâcheuse celle qui résulte de l'altitude de la
plupart des gisements et de la brièveté du temps pendant lequel ils sont
accessibles et exploitables, et l'on trouvera la raison de l'insuccès de
toutes ces tentatives.

La première et principale exploitation minière de l'Oisans fut celle
des gisements de plomb et de cuivre gris argentifère. Nous avons dit, au
début de ces lignes, que les mines des Rousses, centralisées au Plateau
de Brandes, paraissent avoir donné autrefois de très beaux résultats.
Aucun document précis ne permet de se rendre compte de leur produit
sous la domination romaine, mais les sommes qu'en retiraient encore
les Dauphins, vers la fin de l'exploitation, étaient pour l'époque d'une
importance considérable. Là, par exception, les filons paraissent avoir
été puissants et continus, mais ils sont depuis longtemps épuisés, au
moins dans les parties accessibles.

Dans un site peu éloigné, et sur l'autre versant de la vallée de l'Eau
d'Olle, au revers méridional de la Grande Lance d'Allemont, contrefort
du massif de Belledonne, se trouvent les mines des Chalanches. Une
vague tradition vient là, comme ailleurs, parler des Sarrazins, mais ce
n'est qu'en 1767 qu'un montagnard y trouva de l'argent natif. Cette
découverte provoqua une explosion de cupidité : des fouilles inexpéri-
mentées furent faites : il en résulta un éboulement où sept des mineurs
improvisés perdirent la vie. Le retentissement de cet accident amena le
gouvernement à prendre possession des mines en 1768; elles furent
concédées en 1776, et alors les gisements furent soigneusement reconnus.
Des baraquements pour les ouvriers furent établis à 2159 mètres d'altitude, et au bas du village d'Allemont on construisit les vastes bâtiments
de la Fonderie. Le rendement fort irrégulier n'a jamais été réellement
rémunérateur, et la *Statistique de l'Isère* de M. Gueymard nous apprend
que, de 1776 à 1801, le produit moyen des Chalanches a été de
65.577 francs par an, tandis que les dépenses annuelles atteignaient
59.090 francs.

Depuis lors, ces mines ont été faiblement exploitées de 1808 à 1810, reprises en 1838 et 1839, en 1843, en 1869 et 1870, etc., mais le seul résultat véritable qu'elles aient produit a été d'amener dans le pays, sous forme de salaires, un peu de l'argent des actionnaires.

Nous en dirons autant des mines de galène argentifère du Grand Clot. Sur la route de la Grave, à peu de distance du village des Fréaux, s'élèvent aussi de grands bâtiments, au pied d'un rocher à peu près vertical, sur la paroi duquel se distinguent, à des hauteurs différentes, certains vestiges de galeries. Là aussi l'exploitation est intermittente, et les sociétés se suivent à intervalles assez allongés, qui reprennent et abandonnent les travaux.

L'Oisans a même une mine d'or, celle de la Gardette, avec deux entrées, à une demi-heure et à une heure et quart du Bourg d'Oisans, sur le chemin du Villard Notre Dame. Un filon de quartz encaissé dans le gneiss y contient de l'or natif. Là le résultat n'a jamais été à la hauteur de celui des Chalanches et les frais de main-d'œuvre ont toujours dépassé la valeur du produit.

A côté de ces exploitations sensationnelles, nos montagnes recèlent encore des gisements de cobalt, de nickel, de blende (minérai de zinc), voire même de mercure; du cuivre pyriteux a été quelque temps exploité à l'Alpe du Villard d'Arène, où se trouvent encore des ruines d'assez grands bâtiments, mais nulle part une sérieuse et profitable extraction de charbon ou de minérai de fer n'est venue occuper et enrichir les populations. En revanche, l'Oisans est connu dans les cabinets de minéralogie du monde entier par les magnifiques cristaux de quartz dont il a fourni leurs vitrines; les principales localités où opéraient les chasseurs de cristaux étaient la Gardette et les cristallières de l'Herpie.

Rebutés par cette stérile variété de leurs roches, les montagnards, à qui il fallait absolument un objet de lucre et de commerce, et qui voyaient les naturalistes, botanistes pour la plupart, affluer dans leurs régions, pensèrent le trouver dans la vente de leurs plantes. L'hiver était pour eux la saison morte, et combien longue! Ils en profitèrent pour aller dans toute l'Europe offrir les fleurs et les plantes des hauts paturages. Quelques fortunes à Vénosc, au Mont-de-Lent, à Mizoen, etc., se sont édifiées sur cette base fragile. Mais cela ne pouvait pas être de longue durée. La partie prosaïque de ce genre d'échanges, le commerce des graînes fourragères, fut monopolisée par les régions voisines de la Ma-

Anciens bâtiments des Mines du Grand Clot.

theysine et du Trièves, et la vente des fleurs ne put continuer. Mais l'habitant de l'Oisans y avait contracté l'habitude de s'expatrier pendant l'hiver : il la continua et la généralisa, en l'adaptant à un autre objet de transactions. Aujourd'hui les hommes valides de toutes les communes de l'Oisans partent au mois d'octobre et vont principalement dans le Sud-Est de la France, mais aussi jusque chez les nations voisines, exercer la profession de colporteurs. Ils vendent des étoffes, de la cotonnade, de la laine, de la toile, voire même des articles de mercerie, et cela s'appelle d'un mot dont la signification est bien connue : « Aller au commerce ».

Quand un empêchement quelconque les a retenus, nos montagnards occupent les loisirs forcés de l'hiver à la chasse au chamois. Ces gracieux animaux qui commencent à se raréfier sensiblement, étaient encore assez nombreux il y a peu d'années dans toute la région alpine du Pelvoux, des Rousses, etc. Leur diminution tient à la transformation de l'armement des chasseurs, et il est malheureusement certain qu'ils auront bientôt disparu.

Jadis le chasseur n'avait à sa disposition que des procédés assez primitifs. Il se mettait en campagne avec un vieux fusil à pierre qui ne portait pas à cent mètres, un piolet rudimentaire sans fer à la base, et une longue-vue aux tubes de carton. Quand il avait aperçu une harde de chamois, il fallait en faire l'approche : une fois parvenu sous le vent des animaux très craintifs et très défiants, il fallait ramper avec précautions se glissant sans bruit de pierre en pierre pour s'approcher à portée suffisante, puis, quand on avait atteint sans donner l'éveil aux sentinelles un poste favorable, on lachait son coup de fusil. Aussitôt la bande s'enfuyait, sauf celui qui avait été tué ou blessé, si le coup avait porté, et la chasse était finie au moins pour quelques heures. Un perfectionnement fut apporté à l'armement par un forgeron de la Chapelle en Valjouffrey, nommé Fège, qui imagina d'adapter au fusil deux batteries superposées, dont les charges étaient séparées par un tampon isolateur, et de cette façon le chasseur pouvait tirer deux coups de son arme. A cette époque, certains montagnards imaginaient de s'affubler d'une sorte de coiffure composée d'une tête de chamois avec ses cornes pour faciliter leur approche.

Une réforme d'armement militaire leur permit plus tard de se fournir à bas prix des excellentes carabines des chasseurs de Vincennes. Deux batteries à piston y furent aménagées comme autrefois les batteries à pierre, et dès lors l'approche put se limiter à 200 mètres : les bons tireurs faisaient coup double, et la natalité des chamois eut peine à compenser les vides que l'homme devenu plus redoutable faisait dans leurs rangs. Le vieux Bellet à Entraigues en Arves, Culet à Bonneval, etc., se vantaient d'avoir immolé un millier de chamois dans leur vie.

Mais maintenant il n'est pas de braconnier qui ne se paie un fusil à répétition. Quand il surprend un troupeau de chamois, il peut tirer six ou huit coups avant que ses victimes soient hors de portée, et les ravages sont tels que certaines montagnes se dépeuplent entièrement. L'homme d'aujourd'hui fait pour les chamois ce que l'homme d'autrefois a fait pour les forêts.

Mais ce sport passionnant entraîne ceux qui le pratiquent dans les parties les plus escarpées des hautes cimes, il affermit leur tête et assure leur pied, et ceux-là qui l'ont pratiqué quelque temps sont mûrs pour les grandes escalades. Avec la transformation que l'alpinisme allait apporter dans la montagne, les chasseurs de chamois étaient désignés pour devenir la pépinière des guides.

. .

Le dernier tiers du XIXe siècle a vu naître et se propager dans l'Oisans un mode jusqu'alors inconnu d'exploitation des montagnes. De même qu'en physiologie la fonction crée l'organe, la vogue croissante de l'alpinisme, qui attirait les gens des villes vers les grands spectacles de la nature, allait offrir aux habitants de l'Oisans des sources nouvelles et variées de profits.

On comprend que jadis, en dehors de la grande route du Lautaret, la seule qui existât, les déplacements étaient rares. A qui et à quoi auraient servi des auberges ? Il y en avait au Bourg d'Oisans, une passable pour les voyageurs de la diligence, et quelques-unes des plus médiocres pour les montagnards qui venaient aux foires. A la Grave, je me souviens de l'auberge Juge en 1863 : la salle où l'on mangeait était à une sorte de premier étage, au-dessus de l'écurie, et par le plancher mal joint on percevait des senteurs par trop réalistes. Au Lautaret, l'hospice était rempli d'une telle puanteur qu'on aurait préféré une catastrophe à la nécessité d'y loger.

En dehors de ces *centres*, l'étranger, trop en avance sur son siècle, qui était assez mal inspiré pour chercher à coucher dans ces montagnes, était obligé de demander l'hospitalité au curé. Exceptionnellement à Vénosc et à Vaujany, des habitants aisés et affinés par le commerce ouvraient assez volontiers leur porte au promeneur. Partout ailleurs il fallait se réfugier à la grange, car tout l'Oisans était pour les punaises un pays d'élection.

Quand le mouvement des promeneurs d'été commença à se dessiner, quand la flore renommée des prairies du Lautaret jointe aux panoramas des Prés de Paris sortit du monde sobre et modeste des botanistes et attira quelques familles, la transformation commença aussitôt. Le Bourg d'Oisans, où les heures spécialement incommodes de la diligence forçaient à séjourner, vit s'ouvrir trois hôtels suffisants. Le père Juge recula son écurie et installa son hôtel de plain pied sur la route, et par ci par là des auberges presques propres s'ouvrirent dans les villages où apparaissaient les touristes, à Allemont, à Oz, à Saint-Christophe, etc.

La création des sociétés alpines, en 1875, fut un nouveau stimulant. Les membres fondateurs, tant du Club Alpin que de la Société des Touristes du Dauphiné, étaient des apôtres qui prirent à cœur de galvaniser l'inertie un peu méfiante et routinière des gens du pays.

Ceux-ci, d'ailleurs, très avisés, comprirent assez vite de quel intérêt il y allait pour eux.

A la Bérarde, dont l'admirable situation avait été chantée dès 1834 par le savant Elie de Beaumont, on couchait au foin dans la grange du père Rodier: c'était du moins l'hospitalité dont avaient joui MM. Arthaud, Corcellet, et Gustave Thévenet quand en 1846, sous la conduite du vieux chasseur et de son fils Pierre, ils avaient fait le premier passage du Col de la Temple, rouvrant ainsi entre la Bérarde et la Vallouise des communications interrompues depuis plus d'un siècle et demi. C'était celle dont avaient usé leurs rares successeurs ([1]), et dont la perspective éloignait les visiteurs de ce site grandiose. Là, il fallait donner l'exemple. La Société des Touristes loua en 1876 deux chambres dans la maison de Rodier, les blanchit à la chaux, et y fit placer six lits en fer.

Pour faciliter les ascensions, rendues trop longues par l'éloignement des villages, la même Société faisait construire en 1876 un Refuge, une Cabane comme disent nos voisins les Suisses, au pied du Grand Pic de Belledonne, — une autre en 1877 au pied de l'Etendard des Rousses — une encore en 1878 à la base du magnifique glacier du Mont de Lent, sur le trajet du Col de la Lauze. De son côté le Club Alpin édifiait les Refuges du Chatelleret, du Carrelet, de la Bonne Pierre, de la Lavey, du Lac Noir, de la Lauze, de l'Alpe du Villard d'Arène, le Refuge Cézanne trois fois reconstruit, le Refuge Tuckett, le Refuge de Provence, etc.

Mais cette œuvre matérielle, si utile fût-elle, fût demeurée insuffisante si nos montagnards n'avaient pas compris la portée profitable qu'elle pouvait avoir pour eux. Ce n'était que pour la chasse aux chamois qu'ils s'élevaient au-dessus des paturages, et ils eurent d'abord de la peine à comprendre que des messieurs, qui n'étaient pas chasseurs, eussent l'idée de monter dans les hauteurs. « Vous venez pour

---

([1]) En 1851, un anglais, sir Edouard Smith, monta de la Bérarde au Col de la Temple, mais revint sur ses pas. La traversée du Col fut faite pour la seconde fois le 13 août 1855 par MM. le Docteur Faivre et Chauveau, de Lyon; elle était faite encore le surlendemain 16 août 1855 par M. le Docteur Jourdan, de Lyon, avec quatre compagnons.

Le 15 juillet 1867, c'est encore de la grange du père Rodier que partaient M. Henri Vincent et ses deux guides, Jean Carrier et Alexandre Tournier de Chamouni, pour faire la traversée du Col des Escrins, préliminaire obligé de l'ascension de la Barre des Escrins qu'ils réussirent le 18 du même mois, sans avoir eu connaissance de l'ascension Whymper, exécutée en 1864.

chercher des mines ? » disaient-ils aux premiers touristes. Mais non, il n'en était rien : c'était bien pour la seule curiosité de l'Alpe que ces citadins s'aventuraient dans des parages qu'eux-mêmes n'avaient jamais fréquentés. Une fois cette idée admise, le flair naturel du paysan leur fit bientôt voir que les caravanes de grimpeurs se composaient de deux éléments, et qu'à côté des alpinistes se trouvaient des guides. En effet, tous les premiers explorateurs de l'Oisans se faisaient accompagner de guides qu'ils amenaient de centres où l'alpinisme et son exploitation étaient plus développés. M. Edouard Whymper avait avec lui Michel Croz de Chamouni ; le Rev. W. A. B. Coolidge amenait

Le Refuge Tuckett.

la famille des Almer, de Grindelwald ; M. Henry Duhamel marchait avec Henri Devouassoud et Edouard Cupelin de Chamouni ; M. Henry Cordier avait Jakob Anderregg et Andreas Maurer, etc., etc. Parfois ces étrangers avaient eu recours à certaines gens du pays pour leur monter des vivres et des couvertures à des bivouacs élevés, et ils les avaient bien payés. Les guides devaient ga- ner de grosses journées. Pourquoi ne se- rait-on pas guides aussi dans l'Oisans ?

Ce travail mental vint en aide à la Société des Touristes qui se

Le Refuge du Chatelleret.

proposait de former sur place des guides pour la haute montagne. Les chasseurs de chamois se présentèrent ; quelques alpinistes se dévouèrent à leur enseigner en quoi consistaient les véritables fonctions des guides. On leur apprit à se servir de piolets sérieux pour tailler dans la neige ou la glace des marches solides de nature à supporter les touristes, on leur enseigna — et ce fut le plus difficile — l'usage de la corde, cet admirable emblème de la solidarité dans le danger, on leur apprit à choisir les meilleurs passages pour épargner la fatigue à leur voyageur, on leur apprit à le soutenir, et dans des tournées d'entraînement et d'essai, on fit connaître, à ceux qui n'étaient jamais sortis de leur vallée, la topographie des montagnes environnantes. La semence tombait en bonne terre, elle y germa vite et bien, et dès 1877 c'était un guide de la vallée de la Bérarde qui battait tous les plus fameux guides de Suisse, et par un coup d'audace merveilleux amenait son voyageur au sommet de la Grande Meidje, réputée par tous inaccessible.

Dès lors la renommée des guides de l'Oisans était faite : elle n'est allée depuis qu'en grandissant, et bientôt ils ont rendu aux guides étrangers leurs incursions. Les Gaspard, les Roderon, les Rodier ont parcouru la Savoie et le Piémont ; les Pic ont escaladé les cimes du Queyras, et s'ils ne sont pas encore allés dans l'Himalaya ou dans les Andes, les guides de l'Oisans ont montré qu'ils n'étaient inférieurs à nuls autres. Ils ont toujours su allier à la nécessaire hardiesse une prudence consommée, et depuis les origines de l'alpinisme en Dauphiné, jusqu'au mois d'août 1900, ils pouvaient à juste titre se targuer de ce que sous leur conduite aucun malheur n'était arrivé dans les montagnes les plus ardues. L'accident qui à cette époque a terrassé sur la face Nord des Escrins le plus renommé guide de Vallouise, Pierre Estienne, et qui lui a coûté la vie, ainsi qu'à deux voyageurs de la caravane, fut dû à l'un de ces brusques revirements de température, que l'on ne peut prévoir, comme celui qui, sur la Méidje, fut si funeste, en août 1896, à MM. Thorant et Payerne, et il n'entache en rien la force, la prudence et l'habileté de nos guides.

Comme garantie à ceux qui réclament leurs services, ils ont accepté de la collaboration de la Société des Touristes un tarif régulier et rémunérateur ; ils ont confié au bureau de cette société la discipline de leur

compagnie et, tant guides que porteurs ou muletiers, ils prélèvent par les saisons chaudes une fructueuse moisson sur le courant des voyageurs.

Grâce à leur concours, l'alpinisme s'est merveilleusement développé dans nos montagnes, entraînant avec lui un admirable ensemble d'améliorations de toute espèce.

La plus efficace a certainement été l'établissement d'un tramway à vapeur qui remontant l'étroite vallée de la Romanche relie les grandes voies ferrées au Bourg d'Oisans. Délivrés de l'odieuse et antique diligence, les simples promeneurs sont accourus en foule comme les alpinistes. Deux grands hôtels modernes, aménagés avec tout le confort désirable, ont surgi comme par enchantement aux abords de la gare du Bourg d'Oisans. A la Grave, l'hôtel Juge dont la position en face des glaciers de la Meidje est unique, s'est étendu, élevé, approfondi, et bien qu'on y compte souvent au mois d'août plus de cent dineurs à table d'hôte, il n'a pu suffire aux nécessités de cette belle station, et l'hôtel de la Meidje, administré par un Tairraz de Chamouni, y fait aussi de brillantes affaires.

A la Bérarde, la maison Rodier avec ses six lits était bien vite devenue d'une insuffisance notoire: du moment que l'on pouvait espérer d'y coucher, on y venait, mais il arrivait souvent que l'on se trouvait dix ou quinze personnes pour jouir de cette hospitalité limitée. La Société des Touristes, assaillie de réclamations, acheta un terrain à l'amont du village, et y fit construire une hôtellerie de montagne simple mais confortable, doublée d'un bâtiment à l'usage des guides. Ce chalet-hôtel a été confié à la gestion d'un Chamouniard, Tairraz, habitué à la clientèle des grands sommets, et les vingt-cinq lits qu'il renferme ne suffisent pas toujours à l'affluence. On commence même à y faire des séjours.

Le guide Roderon.

Mais la transformation la plus importante est sans conteste celle qui s'est produite a· ·   ·. Un homme d'initiative, Bonnabel, a assaini l'ancien hospice et l'a doublé par des ailes très ingénieusement agencées où les voyageurs trouvaient de vastes salles de consommation et une excellente cuisine. L'effet dépassa les espérances, et le courant de promeneurs, d'estivants et d'ascensionnistes qui s'y rencontra amena la construction de deux très grandes annexes qui ne désemplissent pas d'occupants pendant les deux mois de la belle saison : il faut maintenant retenir à l'avance son logement au Lautaret !

Entrée de l'hôtel Juge.

Et cette heureuse initiative a trouvé un peu partout des imitateurs, quoique sur une moins grande échelle. A Saint-Christophe, la maison de la veuve Turc a été démolie et remplacée par un hôtel modeste mais propre. A Allemont, au bas du village et près de la Fonderie, est installé l'hôtel Leydier ; dans chaque village susceptible d'attirer ou de retenir les touristes, de petits gîtes s'ouvrent ou s'améliorent. Enfin on loue des appartements garnis ou des maisons meublées à la Grave et au Villard d'Arène !

Si le tramway a chassé les voitures de la partie basse de l'Oisans, elles ont, et au décu-

Chalet-Hôtel de la Bérarde.

ple, trouvé refuge dans la partie haute. Un service régulier traverse le Lautaret deux fois par jour dans chaque sens : la plupart du temps en août il est doublé, et de plus une infinité de véhicules, voitures à volonté, se suivent sans discontinuer sur la route ; quiconque à la Grave possède une calèche, un char, n'importe quoi, s'en vient à la gare du Bourg d'Oisans pour l'un ou l'autre des trains du matin, et tout le monde charge.

Il y a un service régu-
lier pour Saint-Christophe,
une voiture pour Allemont,
et les routes se construisent,
s'allongent de manière à pé-
nétrer bientôt dans toutes les
vallées de l'Oisans, à desservir jusqu'à leurs derniers
villages. La route du Mont-
de-Lent, la récente route
d'Auris, celle qui remonte

Le Lautaret — Départ de la voiture.

toute la vallée d'Olle et descend en Savoie, celle qui traverse les vallées de
la Lignare et de la Malsanne pour joindre le Bourg d'Oisans à la Mure,
méritent pour leur hardiesse et pour le pittoresque de leurs sites, une
mention spéciale. On parle même de prolonger bientôt la route de Saint-
Christophe jusqu'à la Bérarde, où pénètre déjà le téléphone.

C'est ainsi que sur cette salutaire vogue de l'alpinisme et de l'estivage
en air pur, se sont greffées pour les montagnards de l'Oisans de nombreuses professions, une nouvelle, courte mais intensive exploitation de
la montagne. Hôteliers, voituriers, surtout guides, porteurs et muletiers
patentés et tarifés, trouvent dans le va-et-vient des alpinistes et des
voyageurs une source de richesse plus large et plus constante que leurs
aïeux dans l'exploitation des mines ou le commerce des plantes et des
cristaux. Le génie humain ne reste jamais en défaut, et la montagne qui
ne se prête guère à la culture, fournit une autre source de profits par la
curiosité que ses sites pittoresques excitent chez les citadins.

* * *

Il nous reste à parler d'une dernière et récente méthode de mise en
valeur à laquelle l'Oisans se prête d'une façon exceptionnellement favorable : je veux parler de l'utilisation de ses chûtes d'eau.

En décrivant ci-dessus les trois vallées intérieures, nous avons montré comment les torrents qui les ont creusées prenaient naissance au pied
de vastes et majestueux glaciers, et combien leur dénivellement était
rapide, au moins dans leurs parties supérieures. Grâce à ces circonstan-

Voiture de Valbonnais.

ces, ils présentent sur les cours d'eau des régions moins élevées ou des plaines deux avantages très importants au point de vue industriel : ils offrent dans plusieurs parties de leur parcours des pentes très accentuées pouvant être facilement aménagées en chûtes d'eau productrices de force, et ils ne connaissent pas les périodes de basses eaux provenant des chaleurs sèches de l'été, leur débit s'augmentant par la fonte des neiges précisément pendant les mois les plus chauds et les plus secs. On a déjà commencé à en tirer un parti avantageux, mais sur plusieurs points leur aménagement n'est encore qu'en projet : les études en ont été faites par M. Lullin, ingénieur, à Grenoble.

La Romanche, le plus important des cours d'eau de l'Oisans, au moins dans sa partie inférieure alors qu'elle a reçu le tribut du Vénéon et de l'Eau d'Olle, est jusqu'ici le seul sur lequel se soient déjà installées des usines en pleine activité. Cette avance est due naturellement à la voie ferrée qui les dessert et leur apporte le puissant concours de la facilité des transports.

A Vizille, au Péage et à Séchilienne diverses manufactures utilisent déjà, depuis plus ou moins longtemps, des dérivations de la Romanche. Aux Clavaux sur Gavet, s'est récemment ouverte une importante fabrique de produits chimiques, à laquelle la force est donnée par l'eau se pressant dans cette étroite conduite de tôle rivée et boulonnée qui court pendant près d'un kilomètre à côté de la route. A Rioupéroux, la rivière actionnait au commencement du siècle dernier les souffleries d'un haut-fourneau ; puis l'usine s'est transformée en fabrique de pâte de bois pour le papier, et aujourd'hui, disposant d'une force colossale fournie par une dérivation à ciel ouvert qui aboutit à une chambre de force, Rioupéroux est devenue une très importante papeterie, occupant environ quatre cents ouvriers des deux sexes, dont les habitations groupées autour des bâtiments de l'usine, forment un vrai village toujours grandissant.

En arrivant à Livet, une magnifique usine hydraulique, combinée et exécutée par les ingénieurs Lullin et Drouhin, vient de se terminer. Son canal d'amenée sous roche, ses artifices ont été cités comme exemple par M. l'ingénieur en chef de la Brosse dans sa magistrale étude sur les installations hydrauliques. Elle est la propriété de la Société électrochimique de la Romanche, et son énergie vient éclairer la ville de Grenoble. Comme la dérivation qui actionne cette usine et lui procure une force de plus de 6000 chevaux, prend à peu près toute l'eau de la rivière, et qu'elle comporte une hauteur de plus de 60 mètres, son déversoir de trop plein forme le plus sou⋯ ⋯ ⋯⋯itable cascade d'un effet fort curieux.

Dans la long.   lée du seuil de l'Avena au

Usine de Rioupéroux.

pont de Saint-Guillerme, la Romanche ne présente qu'une pente extrêmement faible qui n'est susceptible d'aucune utilisation industrielle, mais il en est autrement en amont, dans les gorges si belles et si imposantes qui se prolongent jusqu'au Fréney.

C'est au pied du village de Mizoen et tout à l'aval du confluent du Ferrand qu'a été étudiée une première dérivation destinée à actionner une fabrique au Fréney, et à fournir à ce village la lumière électrique. Cette chûte aurait une force de 900 chevaux.

La Romanche peut encore en dessous du Fréney fournir une chûte plus importante, dont la dérivation se ferait par un long tunnel foré dans les rochers de la rive droite et viendrait déboucher vers le Pont de

Sainte-Guillerme à plus de 170 mètres de hauteur. La force qui serait ainsi produite serait d'une moyenne de 8000 chevaux et aurait par conséquent une importance exceptionnelle.

Dans sa partie plus élevée, la Romanche n'a pas encore été l'objet d'études sérieuses, mais il est hors de doute qu'en cas de besoin, l'industrie pourrait encore y trouver des forces considérables dont le rendement ne serait amoindri qu'en hiver.

Le débit du Vénéon est un peu moins important que celui de la Romanche mais il n'en est pas moins susceptible d'un rendement sérieux, bien qu'aucune usine ne soit encore venue l'utiliser sans doute à raison de son éloignemen   oie ferrée. Il est vrai que celle-ci pourrait à

Usine de Livet.

très peu de frais être prolongée jusqu'à l'entrée des gorges du Vénéon, au lieu dit : Pont Escoffier.

Sur son cours, deux aménagements de chûtes ont été étudiées. La chûte supérieure, la plus belle et la plus facile a exécuter prendrait sa déviation à l'aval de la vaste plaine du Plan du Lac ; le canal d'amenée franchirait par un tunnel assez court percé dans la roche de la rive droite tout l'espace occupé par le Clapier de Saint-Christophe, et se terminerait au-dessus du hameau de Bourg d'Aru. L'eau qui serait ainsi détournée du lit du Vénéon, et qui pourrait comporter 2000 litres par seconde en hiver et 6000 pendant les huit mois de la belle saison, se précipiterait alors au moyen de grosses conduites en tôle d'acier d'une hauteur de 224 mètres dans l'usine à construire à l'entrée du village et y produirait une force moyenne de plus de 10,000 chevaux.

Pour la chûte inférieure, une autre dérivation serait pratiquée à la sortie de la plaine de Vénosc, au défilé appelé la Gorge des Etroits ; les eaux chemineraient dans un tunnel pratiqué aussi dans les montagnes de la rive droite. / orès ¹ᵛ   ᵢètres, viendraient former

Confluent du Ferrand et de la Romanche.

de hauteur, et donneraient une force de plus de 7000 chevaux à l'usine qui s'établirait à Pont Escoffier, point jusqu'où serait prolongée la voie ferrée.

Enfin l'Eau d'Olle elle-même, quoique plus faible, n'a pas échappé aux préoccupations des ingénieurs, et M. Lullin y décrit trois chûtes possibles, une dans le Maupas, une sous Articol, et la troisième à la Fonderie d'Allemont. La seconde, la plus remarquable, pourrait donner au Verney de Vaujany une force de 8000 chevaux en hiver et qui attein-drait 23000 chevaux pendant les huit mois de bonne saison.

On voit par ce rapide exposé, que la célèbre *Houille blanche*, si long-temps méconnue, n'est pas près de tarir dans nos Alpes, et que l'Oisans spécialement en est un gisement d'élection. Peu de ses utilisations ont été faites jusqu'à présent, et l'incertitude qui s'attache à toute installation nouvelle, jointe au malaise passager des industries électrochimiques, jointe aussi, il faut bien le dire, aux déboursés considérables qu'exige sa mise en œuvre, en ont pendant quelque temps détourné les industriels. Mais la période des tâtonnements est passée et il est bien démontré que c'est là l'avenir pratique de notre Oisans, la véritable exploitation de ses montagnes.

Dans peu, ces lignes paraîtront vieillies, et quand toutes ces chûtes seront aménagées, quand toutes ces usines seront en marche, on s'expli-quera difficilement que pendant plusieurs années on ait hésité à les construire, on ait douté de leur succès. Et peut-être, grâce à la surabon-dance estivale de leurs forces, pourra-t-on reprendre sur une base écono-mique, la capricieuse exploitation des filons de minérais divers dont le transport et le broyage se feraient automatiquement !

A ceux qui protesteraient au point de vue artistique et pittoresque, nous répondrons qu'aucune des chûtes projetées et ci-dessus indiquées ne nous prive d'une cascade, ne nous mutile un site connu et renommé. Un peu moins d'eau dans certains rapides, un volume moindre au fond de certaines gorges sera sans importance, et les asséchements ne sont à craindre qu'en hiver, moment où la montagne est rarement visitée. En revanche les touristes peuvent en espérer un développement plus complet du réseau des voies ferrées de montagne, des transports électriques et la diminution du temps nécessaire pour se rendre à pied d'œuvre, au point de départ dans la vraie montagne. Si grâce à ces chûtes nous pouvons arriver à la Grave en tramway électrique, si le Bourg d'Aru devient tête de ligne, etc., qui songera à regretter le temps où la voiture vous hissait lentement dans la gorge de Malleval, et où l'invincible somnolence vous empêchait d'en admirer le décor grandiose !

L'homme étend toujours plus loin ses conquêtes, et son temps devient de plus en plus précieux et limité. Le touriste de l'époque romantique, qui bornait son ambition à passer le Col du Lautaret, était enchanté de suivre à pied la route qui y conduisait : c'était là son but.

Hier, pour nous diriger vers les alpages supérieurs, nous nous enfermions avec résignation dans la diligence, et nous avions salué d'un cœur joyeux et reconnaissant l'apparition des cars alpins du Syndicat d'initiative. Aujourd'hui, nous élançant vers les glaciers, nous sommes enchantés de voir le tramway à vapeur abréger le stage préliminaire et obligatoire dans les gorges, et demain, quand les grands pics seront d'une visite ordinaire, il faudra bien que les wagons électriques nous déposent sans fatigue et sans perte de temps, au pied de l'ascension.

Tout évolue, tout se transforme ici-bas ! même ces montagnes immuables, leurs moyens d'accès et leur mode de visite. Ne nous plaignons donc pas si moyennant quelques légers sacrifices, nous pouvons acheter un progrès véritable qui mettra les splendeurs de la haute montagne plus commodément à la portée des travailleurs des villes, et qui amènera dans ces pays déshérités plus d'aisance, de confort et d'hygiène. Ce sera un gain pour l'humanité.

Table des Matières

Illustration et Impression

DE LA

SOCIÉTÉ ANONYME DES ARTS GRAPHIQUES

Genéve

———+———

Relevés photographiques

DE

M. HENRI FERRAND, à GRENOBLE

LIBRAIRIE ALPINE
ALEXANDRE GRATIER & JULES REY, Editeurs
23, Grand'Rue — GRENOBLE

RAPPEL DES OUVRAGES

publiés dans la même collection in-4°, illustrée en phototypie

ALPES FRANÇAISES

VOLUMES PARUS :

HENRI FERRAND. — *Les Montagnes de la Grande-Chartreuse,* 165 gravures . . . . Fr. *25.—*

(Cet ouvrage, bientôt épuisé, est réservé aux seuls acheteurs de la collection complète)

HENRI FERRAND. — *Belledonne et les Sept-Laux,* 220 gravures sous couverture illustrée . . . . Fr. *25.—*

HENRI FERRAND. — *L'Oisans,* région de la Meidje, du Pelvoux et de la Barre des Escrins, in-4° illustré . Fr. *25.—*

NOTA. — Les acheteurs de L'OISANS auront droit au prix de souscription pour les volumes précédents : MONTAGNES DE LA GRANDE-CHARTREUSE et BELLEDONNE, qui leur seront livrés brochés à 20 fr. au lieu de 25 fr. le volume.

HENRI MORIS. — *Au Pays Bleu* (Alpes-Maritimes), 550 gravures sous couverture en couleurs . . . . . . Fr. *40.—*

En préparation : Le Mont-Blanc, par DANIEL BAUD-BOVY, in 4°, avec illustrations de ARLAUD, en souscription . . Fr. *20.—*

ALPES SUISSES

VOLUMES PARUS :

EMILE YUNG. — *Zermatt et la Vallée de la Viège,* . . Fr. *20.—*

BAUD-BOVY. — *A travers les Alpes,* de Brigue à l'Egg-hishorn et au glacier d'Aletsch *(Epuisé).*

PHILIPPE GODET. — *Neuchâtel Pittoresque, la ville et le vignoble* . . . . Fr. *20.—*

NOËLLE ROGER. — *Saas-Fée et la Vallée de la Viège* Fr. *20.—*

(Vient de paraître)

Nous expédions franco les ouvrages ci-dessus en vente dans notre librairie.

www.ingramcontent.com/pod-product-compliance
Lightning Source LLC
Chambersburg PA
CBHW051729090426

42738CB00010B/2173